Slobodan Maldini

Šiva Bhang

Izdavač:
Slobodan Maldini

Dizajn:
Slobodan Maldini

Fotografija na naslovnoj strani:
Sofia Lancoš Maldini

Izdanje: prvo

Copyright: ©Slobodan Maldini

CreateSpace, Charleston, SC

Slobodan Maldini
e-mail: maldini.slobodan@gmail.com

ISBN-13: 978-1546924234
ISBN-10: 154692423X

Slobodan Maldini

ŠIVA BHANG

Ovo je knjiga koja će iz korena promeniti vaš život. Ako imate hrabrosti - zaronite u nju.

slobodan maldini

šiva
bhang

ŠIVA
RAZARAČ

Istinski vrhovni Gospod,
Nosilac Univerzuma,
Njegov stvoritelj i rušitelj,
Razarač i dobrotvor,
Predvodnik bogova i ljudskog roda,
I svih drugih živih i neživih stvorenja i bića,
Bog, ili božansko biće,
Jeste onaj koji ima toliku snagu i moć da može
Neprestano i dugotrajno
Da krši sve postojeće prirodne zakone,
Uključujući i fundamentalne zakone Univerzuma,
Vidljive i nevidljive.

Kršenje zakona fizičke
Prirode je njegov jedinstveni
I univerzalni
Duhovni proces.

Po svojoj prirodi prekršitelja opštih zakona,
On je Razarač i Odmetnik.

A pošto smo svi nastali iz kreacije
Ovog Vrhovnog bića,
U tom smislu, mi smo razarači i odmetnici,
Jedinstveni i veliki odmetnici.

Krajnji i Vrhovni Odmetnik jeste Šiva.
Šiva, Gospodar bhanga.

Niko ne može da se klanja Šivi,
Jer to nije moguće.

Ali, svako može da se pridruži ovoj grupi.

***

UMESTO UVODA

Pretpostavimo da ste u mogućnosti da svake noći sanjate baš onaj san koji poželite. Prirodno je da, pošto započnete ovu avanturu snova, prvo ispunite sve vaše želje. Naravno, snovi bi vam predstavljali veliko zadovoljstvo. Međutim, već nakon nekoliko noći ispunjenih predivnim snovima, reći ćete, to je bilo sjajno, ali hajde da sada imam iznenađenje, hajde da doživim san koji nije pod kontrolom. Pa, nešto će mi se dogoditi izvan moje kontrole, da ne znam šta će to biti. Tada ćete dobiti nešto potpuno novo, avanturističko, sve više nepoznato i neizvesno u odnosu na ono što bi inače sanjali. I na kraju, sanjali biste krajnje nepredvidljiv i neočekivan san, u kojem se opisuje vaša sadašnjica, java, ono u čemu se nalazite sada. U tim trenucima, shvatićete da je tanka nit koja razdvaja san i javu, da je poimanje stvarnosti pomešano sa shvatanjem sna. Ovo saznanje promeniće vaš pogled na život. Jer, postojanje je samo trenutak zabeležen u našoj svesti, poput refleksije u fotografskoj kameri. Ono što se dogodilo pre samo je sećanje, za koje niko od nas ne može da tvrdi da se zaista i dogodilo, jer predstavlja samo odraz, brazdu sećanja u našoj svesti.

U odnosu na budućnost, prošlost je nestala u nepovrat, a budući događaji su potpuno neizvesni, jer su nepredvidjivi, nepoznati i na njih niko od nas ne može da utiče. Jedina moguća izvesnost postojanja, dakle, jeste sadašnjost, trenutak koji bljesne pred nama i nestane zauvek. A ono što je jedino sigurno, to je nestalnost, promenljivost. Naš odnos prema toj promenljivosti sadržan je unutar duboko skrivenih mapa svesti. Ponekom među nama dogodi se da negde iz dubina svoga bića „iskopa" ovu tajnu mapu i postigne uvid u nju. U tom trenutku, on stupa u novi, viši nivo postojanja, na kojem njegova svest doživljava transformaciju. Više ovih, pojedinačnih skokova u razvoju svesti, dovodi do civilizacijskih skokova - promena u razvoju ljudskog roda i sveta uopšte. Međutim, jedno je jasno, a to je da se ovi civilizacijski skokovi dostižu unutar posebnog stanja čovekove svesti koje će jedni nazvati snom, a drugi javom. Jer, veoma je tanka linija između jave i sna, gotovo da je i nema. Mnogi su najbudniji kada misle o sebi da sanjaju i obratno. Sledeći snove, mi uskačemo u mahnitu vožnju kola darme, onoga što drži na okupu Univerzum, red, poredak, zakonitost, ispravnost i ponašanje u skladu sa verskim ili moralnim pravilima.

Darma je uzvišena istina, koncept koji sadrži krajnju stvarnost sveta. Međutim, postoji onaj koji se usuđuje da se suprotstavi ovom konceptu, da ga poremeti. Nasuprot vrhovnom božanstvu stvaraocu i vrhovnom božanstvu održavaocu ovog materijalnog svemira, postoji Odmetnik, Vrhovni Odmetnik koji je uništitelj i preobratitelj, onaj koji dolazi poslednji, da bi u sebi zadržao ovaj svet do novog ciklusa stvaranja. Njegovo ime je svima poznato, njega slave kao simbol svetla koje otklanja tamu, on je personifikacija Boga kao kosmičke svesti. On je najveći među svim joginima, on upravlja tamas gunom - neznanjem, tamom, što je jedna od tri najsnažnije vezujuće sile materijalnog svemira. Kroz svoju transcendentalnu pojavu, ovo Vrhovno biće i krajnja stvarnost, predstavlja uspešan i materijalan uzrok svega što postoji.

Ovaj Vrhovni Odmetnik od svih zakona prirode i zakona Univerzuma je - Šiva.

***

Sve, svi oblici su ispoljenje Šive, koji nema oblik.
Šiva je svest koja je sveprisutna;
To je energetsko polje.

Šiva nikad nije rođen i nema kraja.
On je večan.
On je četvrto stanje svesti,
Poznato kao turija avašta - meditativno stanje,
Koje je iznad budnog, spavanja i stanja sna.

BRAMA, VIŠNU I ŠIVA

Jednog dana, Gospod Brama i Gospod Višnu započeše prepirku. Obojica su tvrdili za sebe da su najveći bog u svemiru. Gospod Brama je rekao:

„Stvorio sam sve na Zemlji i zbog toga sam ja najmoćniji bog.“

Gospod Višnu je odgovorio:

„Ali, ja sam čuvar svih tvojih tvorevina, tako da sam ja najveći.“

Dok su se raspravljali, među njima je iz zemlje izbio vatreni lingam, falus. Postajao je sve veći i veći, rastući u visinu u nedogled. Gospod Višnu i Gospod Brama zurili su u lingam netremice, pokušavajući da otkriju njegovo izvorište i kraj.

Obojica su odlučili da samostalno razotkriju tajnu ogromnog lingama, jedan pre drugog. Višnu se pretvorio u divljeg vepra i počeo da kopa u unutrašnjost zemlje da bi otkrio koren lingama. Brama se pretvorio u labuda i odleteo u nebo da otkrije njegov vrh. Na svom putu ugledao je cvet ketaki i poneo ga u svom kljunu, natrag na zemlju.

Sreo je Višnua i pokazao mu cvet, tvrdeći da ga je ugledao na vrhu lingama.

Iznenada, nebom se prolomi grmljavina, a iz

lingama izađe Gospod Šiva. Uperio je prst u Bramu i rekao:

„Lažeš! Zbog greha, proklinjem te tako da te niko više neće obožavati, slaviti tvoje festivale ili graditi hramove." Dalje, zabranio je upotrebu ketaki cveta u obožavanju Brame.

Okrenuo se prema Višnuu i rekao:

„Bio si iskren i ponizan. Zbog toga, tebe će obožavati, u tvoju čast biće organizovane svetkovine, a za tebe će biti na zemlji sagrađen hram."

Gospod Brama se postideo svog dela i zatražio oproštaj. Zajedno sa Gospodom Višnuom poklonio se pred Gospodom Šivom, priznajući poraz i prihvatajući Gospoda Šivu kao najvećeg Boga u Svemiru.

***

NARA NA OBALI GANGE

Tokom nekoliko godina, sanjao sam nebrojeno puta sličan san. U snu, video sam obličje starijeg dečaka, dugokosog crnoputog mladića po imenu Nara. Nalazio se na pustoj obali prelepe, bistre planinske reke. Sedeo je na kamenu i posmatrao vodu kako vrtoglavom brzinom teče ispred njega. Potom bi ustao i šetao obalom. U toj šetnji, došao bi do pustog, peščanog spruda. Na obali, nedaleko od spruda, nalazilo se ogromno drvo rudre (aleokarpusa), a u blizini drveta bila je okrugla rupa, tamna, dovoljno široka da u nju upadne ovca ili govedo. Njeno dno nije se videlo. Oko ove jame, u krug je hodao starac. Odeven u žuti ogrtač, očiju uprtih u središte ponora, ovaj pustinjak tiho je izgovarao mantre. Njegove reči počinjale su poznatom Mul mantrom:

OM Nama Šivaja
Klanjam se Šivi

a nastavljale Rudra mantrom:

Slavimo trookog gospoda,
Koji je prijatnog mirisa
I koji hrani i neguje sva bića.

Kao što se zreli krastavac (uz pomoć baštovana)
Oslobađa od stega (puzavica),
Neka nas On oslobodi smrti
Zarad besmrtnosti.

***

Ovaj prizor bio je redovna slika mojih snova. Svi oni imali su jedinstven sadržaj: mladić je sedeo na obali brze i moćne planinske reke, gledao u nju, potom je hodao duž obale i stizao do rupe oko koje je obilazio stari pustinjak.

Protokom vremena, san je dobijao nove, karakteristične detalje. Na osnovu njih, uspeo sam da shvatim, bar u načelu, osnovni njegov sadržaj. Postalo mi je jasno da je reka na čijoj se obali nalazi tamnoputi mladić u stvari Ganga, moćna i najsvetija hinduistička reka, a da se scena iz mog sna odvija u gornjem toku reke, na padinama Himalaja, tamo gde je reka relativno uska, brza i bistra. Starac odeven u crveni plašt je sadu, religiozni asketa, odnosno, sveti čovek. U daljim snovima, počeo sam da zapažam detalje, kao što su: hinduistički hram na suprotnoj obali reke podignut neposredno pored pešačkog mosta koji visi na čeličnim sajlama, obrisi hinduistučkog ašrama u šumi iznad obale Gange, duga kosa i brada koju je imao starac i njegovo čelo obojeno karakterističnim simbolom trišulija (trozupca), na kojem su se smenjivale crvena, bela i zlatnožuta boja.

***

Nakon nekoliko poseta dubokoj rupi i starom

saduu na obali reke, mladić se napokon odvažio da
priđe bliže starcu. Međutim, nije imao hrabrosti da
mu se obrati. Sedeo bi u prikrajku, posmatrao svetog
čoveka kako obilazi jamu i slušao njegovu tihu, jedva
razumljivu mantru.

***

Ovi snovi pratili su me noćima. Često sam
bio uzbuđen do te mere da sam se usred sna bu-
dio. Sedeo bih na ivici kreveta, nepomičan, zureći u
zid sobe i razmišljao o značenju ovog sna koji me
je proganjao. Nisam imao odgovore na pitanja koja
sam sebi postavljao: otkud dolazi u moje misli ova-
kav san, koja je njegova pozadina i koju svrhu ili po-
ruku nosi u sebi? Pretpostavljao sam da on izbija iz
moje podsvesti u kojoj je tajno tinjala želja da odem
u Indiju i upoznam tamošnju fascinirajuću kulturu.
Za mladića iz sna pretpostavljao sam da je lik mene
samog, zainteresovanog da se približim kulturi Isto-
ka, ali opreznog i bojažljivog u ovoj nameri. Starac
na obali mogao je da bude moj potencijalni duhov-
ni učitelj - guru. Ali, nikako nisam mogao da odgo-
netnem značenje one duboke jame pored reke, niti
smisao rituala svetog starca.

Iako sam iz noći u noć bio svedok jedno te
istog sna, nisam osećao strah ili nelagodu zbog toga.
Nasuprot, kada bih uranjao u san, obuzimao me je
nekakav mir, čak blaženstvo. Zbog toga, često sam
jedva čekao noć da legnem u moj stari krevet i za-
spim. Osećao sam da se nalazim u prijatnom i prija-
teljskom okruženju. To mi je godilo.

***

Jedne noći, nakon što sam se probudio iz sna i sedeo sanjiv na ivici kreveta, odlučio sam da moje podsvesne misli koje mi naviru u snu, zabeležim zapisujući ih u malu svesku, u vidu kratkih notica. Najbolje sam mogao da interpretiram sâm san ukoliko bih se probudio neposredno nakon njega. Zbog toga bih, usred noći, ustajao i sedao za moj mali radni sto u spavaćoj sobi, gde sam beležio sve ono što sam u snu doživeo. Ovakva snoviđenja vrlo brzo su postala moja noćna rutina. Ja bih, već pripremljen, odmah nakon sna ustajao i beležio sve odsanjane detalje. Znao sam da samo tako mogu da sačuvam svest o ovim noćnim vizijama i kasnije ih analiziram.

***

Nakon više meseci upornog vraćanja istog sna i noćnog buđenja da bih zapisao njegovu suštinu, prestao sam da vodim računa, zapravo da kontrolišem sopstvenu svest o tome da li zapisujem događaje iz sna, ili sanjam da pišem događaje iz jave, ili, naprosto, proživljavam javu u celosti, ili živim samo u snu.

U svoju svesku sam pokušao da prenesem ove moje zabeleške koje sam vodio na listićima hartije, u što vernijem obliku, onako kao što sam ih zapisivao noćima, nakon što bih se budio iz sna. Znao sam da te beleške predstavljaju moju interpretaciju ovih snova, zbog čega ipak ne mogu sa sigurnošću da kažem da su istinite, verne, niti da nisu istinite, jer su nastale nakon noćnog buđenja u stanju ni sna niti budnosti, stanju koje bih najpribližnije okarakterisao kao međusnom ili nepotpunom budnošću, ili, možda, samom meditacijom. Zbog toga, ove zabeleške koje prenosim u narednom poglavlju ove priče treba čitati sa kritičkom distancom.

***

SVETI STARAC ARAN

U blizini obale moćne indijske reke Gange, na njenom brzom toku niz padine Himalaja, uzvodno i nedaleko od svetih gradova Rišikeša i Haridvara, nalazi se jedinstveno, hiljadugodišnje stablo himalajskog drveta rudre. U blizini stabla, pored reke, postoji jama u tlu, tolike širine da je može opasati grupa od desetak i više ljudi, nepoznate dubine, jer se u tami ne vidi njeno dno. Oko ove jame danonoćno obilazi starac, sveti čovek, sadu, duge sede kose upletene u debele bičeve, umotan u doti, tkaninu crvene boje šafrana koja pokriva njegovo nago telo. Oko vrata, nosi ogrlicu načinjenu od krupnog, orašastog semena rudrakše, na rukama ima narukvice malog semena rudre, takozvanih „Šivinih suza", a na nogama nosi paduka drvene klompe. Na gležnjevima ruku nosi kalave ili mauli, končane niti crvene boje. Njegovo lice i ruke obloženi su pepelom sagorele sandalovine i ljudi kremiranih na obali Gange. Iznad kapaka, na obrvama, ima tetovirani znak Višnua, a po otkrivenim delovima tela, rukama, ističe mu se tetovaža sa mantrama Gospoda Rame i njegove supruge Site. Na čelu nosi znak trišulija ili trozupca Gospoda Šive.

Ovaj sadu, sveti starac, sveštenik koga nazivaju „starac Aran", danima i noćima obilazi svetu jamu, klanja joj se i recituje mantre. U velu noći, njegov um je svetionik koji zrači svetlost obasjavajući obale Ganga. Njegove reči su putokaz prema dobroti i sadrže izlaz iz zla, za svakoga ko od njega zatraži pomoć.

***

Tamnoputi mladić Nara, mladi Indus crne sjajne duge kose, obučen u jednostavnu laganu odeću od belog indijskog platna, danima sedi na obali Gange gledajući u maticu hladne bistre planinske reke. Jednog dana, odlučio je da se spusti niz obalu i poseti svetog starca Arana. Iz daljine, posmatrao je mršavo obličje starog sadua koji je pevao mantru kružeći po obodu jame. Rešio je da mu priđe.

„Namaste", rekao je Nara.

„Namaste."

„Posmatram Vas već danima kako obilazite oko jame i recitujete mantre. Međutim, nisam se do danas usudio da Vas upitam za vrstu i cilj Vašeg rituala?"

Sveti starac Aran stade i okrete se prema Nari. Prodornim crnim očima pogleda ga i reče:

„Moj ritual je iskonski, a njegov cilj je jedinstven i zajednički za sva živa bića. Ali, svako ko želi da u njega pronikne, mora da se pridruži mojoj misiji."

„A kakva je Vaša misija?"

„Moja misija je sveta. Ona čuva čovečanstvo od gneva bogova i propasti, dragi Naro."

„Poštovani starče, kako znate moje ime?“

„Naravno da ga znam. Mi se odavno poznajemo.“

„Odavno?“

„Da. Mi se poznajemo hiljadama godina. Ja znam ko si ti, iako ti sâm to ne znaš.“

„Kako?“

„Zato što sam ja tvoje uzvišeno Ja.“

„Dakle, Vi mene poznajete?“

„Da. Odavno sam znao da ćeš doći i obratiti mi se. Znam da ti je potrebna pomoć.“

„A kako mi Vi možete pomoći, sveti starče?“

„Ja imam planove za tebe.“

„Kakve planove?“

„Planove za noći i dane...“

„?“

„...Noći provedene u molitvi i meditaciji u senci tvoje sobe - duhovnog utočišta, a dane u kuhinjskoj praonici tvog ašrama, gde ćeš činiti dobra dela - sevu - spremati hranu za svete ljude - sadue, one siromašne i sve druge koji su u ašramu pronašli svoje pribežište ili spas...

...Svake zore, poput mene, bićeš ovde, na obali svete reke Gange, pevaćeš mantru, obavljaćeš jutarnju puđu - iskazivanje časti i obožavanja bogova. Tokom izlaska sunca, prinosićeš darove Najvećem među Velikima, Najmoćnijem među Moćnima. Ovaj ritual vršićeš sâm, a ponekad u prisustvu sveštenika koji su dobro upoznati sa procedurama i himnama...

...Uveče, obavljaćeš ritual puđe ispred hrama, na obali reke, tokom kojeg ćeš pevati himne i prinositi bogovima darove - hranu, voće i slatkiše. Nakon molitve, blagosiljaćeš te darove i oni će postati prasad - blagoslovena hrana koja će biti podeljena svima koji prisustvuju puđi...“

„Ali, sveti starče, o tome treba prvo da razgovaramo, zar ne?“

„Znam da treba o svemu da razgovaramo, o svemu, osim o Svetlu, onoj svetoj, blistavoj svetlosti koja nas obasjava i čini onim što jesmo.“

„Sveti čoveče, Vaše reči sada mi deluju kao izvesnost, zapovest koja treba da promeni moj život. Da li ja imam izbora u odnosu na Vaše planove o mojoj budućnosti?“

„Naravno, imaš izbora. Ali, tvoj izbor kanališe tvoja karma, a na nju ni ti pa ni ja, nemamo velikog uticaja...

...Ali znaj, ja se neću boriti za tebe! Onda kada budeš to želeo, pustiću te da odeš.“

„Da? Zašto?“

„Jer, ja nisam Ja, Onaj kojeg vidiš. Ja sam samo hrpa velikog broja malih fizičkih i duhovnih segmenata koji svi zajedno čine jedno ljudsko biće i utiču da nas drugi obožavaju s jedne strane, ili ne primećuju, s druge...

...Mi smo, svako za sebe, jedan kosmos, mikrokosmos, koji postoji po svim postojećim pravilima našeg, velikog Univerzuma, sa malim pojedinostima, individualnostima i razlikama, što nas čini jedinstvenim. Kada hodamo, pevamo, molimo se, mi pomeramo granice naših ličnih Univerzuma, reorganizujemo ih ili ih čak uništavamo, da bi stvorili mesto za nastanak novih...“

„U smislu onoga što ste rekli, koja je uloga Vaše pesme, mantre?“

„Moja mantra je ta koja nas spasava da se ne utopimo u vrtlogu prošlosti, ne izgorimo do pepela u ognju istorije, da prevaziđemo današnje vreme pomame za naftom i zlatom. Da mudri ljudi pomognu da prekriju velom znanja ovu eru istorije i ostave je daleko iza sebe, izvan sopstvenog sećanja...“

„Poštovani, a kakav je značaj mesta na kojem se nalazi ova jama oko koje Vaša svetost ophodi i peva mantre?“

„Hiljadama, ne, milionima godina, ovo mesto je poznato ljudima i bogovima. Ono je izvorište večnog plamena koji izvire iz samog toka svete reke Gang i putuje planetom prenoseći svetlo znanja. Pored ovog stabla himalajskog drveta rudre koje je staro milionima godina oduvek je postojala i postoji ova jama u tlu, nesagledivo i nezamislivo duboka, oko koje Ja, sveti starac po imenu Aran, ophodim hiljadama, ne, milionima godina i pevam mantre Najvećem među Najvećima, Najmoćnijem među Najmoćnijima...

...Jer, um starca Arana koji stoji pred tobom je Svetionik koji obasjava ljudima put i ukazuje na pravac kojim treba da idu, a na čijem kraju se nalazi Istina. Ovaj svetionik je jedino svetlo u velu noći, čudno izvorište svetlosti koja ukazuje na razliku između ispravnog i pogrešnog, između Istine i zablude...

...Ovom svetlu teže mnogi ljudi, i mnogi ga pronalaze u sebi, inicirani sa ovog Svetionika. Jer, kao što sigurno znaš, svetlost jedne sveće može da se prenese na milion drugih, a da pritom ono sâmo ne bude umanjeno niti ugašeno. Ovaj Svetionik je tu za sve ljude, za celo čovečanstvo. On obasjava našu planetu, prekriva je blistavim, belim štitom svetlosti koji je štiti od tame Univerzuma...

...Međutim, budi siguran, ovaj starac koji stoji pred tobom, iako ima planove za tebe, ipak, ncće se boriti da te zadrži. Odluku o eventualnom odlasku, izlasku iz kruga koji opisuje jamu pored Svete Reke Gang moraš doneti sam.“

***

Nara se pokloni prema starcu i zapita:

„Poštovani i Sveti Oče, ako zračite svetlo poput svetionika, tokom miliona godina, sa ovog svetog mesta pored svete reke, onda mora da ste do danas spasli hiljade duša?"

„Dragi mladiću, ne razmišljam o tome. Znaj, iako može da spasi, snaga moje svetlosti je toliko velika da može da uništi, razori, ubije milione, milijarde ljudi u trenu moga oka, što je dovoljno dugo, čak kao večnost dugo vreme za to. I bez plana za tebe, ja sam dovoljno snažan i moćan, koliko da razrušim svetove, toliko da ih zaštitim i iz pepela stradanja stvorim nove...

...Ali, upamti, u hodnicima moga uma, pored neverovatnih moći zaključanih u tajnim odajama, postoje i mesta lepote i nežnosti, muzike i ljubavi..."

Nakon što je izgovorio ove reči, starac se primiri. Okrenu se prema brdu iznad reke i pokaza prstom prema šumi. Obrati se Nari:

„Čuj, dete, na brežuljku iznad nas peva crni kos svoju najlepšu pesmu... odgovarajući na poziv divljine. Ova mala ptica, kao i ti, zapamti, Dete je Mudraca. A na ljudima je da to primete, otkriju..."

Nara i Aran su ćutke stajali na ivici jame, okrenuti prema šumi iznad njih, u tišini slušajući predivnu pesmu kosa. Pored pesme, tišinu ovog mesta jedino je remetio stalan huk reke koja se u brzacima slivala sa planine. Vazduh je bio oštar, planinski, mirisao je na lekovito bilje i himalajske borove. Sitne kapljice vode sa brzaka uzdizale su se u vazduh i nošene blagim vetrom, kvasile lica ova dva bića. Nebo je bilo predivno, jasne plave boje, a oblaci na njemu stvarali su neobične, kontrastne i jasne slike. Postavši svestan izuzetnog trenutka u kojem se nalazi, Nara je nemo upijao svaki sekund ovog izvanrednog trenutka.

Odjednom, mladi Nara oseti da ga je nekakva nepoznata i neopisiva sila oborila na tlo. Legao je licem prema zemlji pred Aranom, sklopio ruke ispred sebe i naglas zaplakao:

„Poštovani, o moćni gospodaru!
U blizini hiljadugodišnjeg stabla rudre uz reku,
Postoji rupa, jama u tlu,
Gde sveti starac Aran pevajući mantre
Gphodi njenu kružnu ivicu,
Prolazi tuda satima,
Danima, mesecima, godinama,
Hiljadama godina, milionima godina,
Pevajući mantru Onom Najmoćnijem.

Njegov Um je Svetionik u velu noći,
Namenjen čudnoj vrsti mode Univerzuma,
Moćnoj ljudskoj vrsti
Nastaloj od vanzemaljske materije.

Sveti čovek zna šta je ono što je pogrešno
I ono što je ispravno,
Ali... nikada se neće boriti da dokaže
Ispravnost svojih ideja...“

Starac Aran povisi glas i značajno reče:

„Dragi moj dečače, znaj i upamti:

U blizini stabla rudre,
Uz svetu reku Ganga,
Postoji jama u tlu
Gde starac Aran obilazi oko nje,
A njegov um je svetionik u velu noći,
Namenjen čudnoj vrsti mode Univerzuma
-Čoveku -
Da mu ukaže na ono što je
Ispravno i pogrešno...

Ali, taj starac se nikada neće boriti za tebe...
Niti će se boriti za čovečanstvo,
Jer to nije u njegovoj moći...“

Nara se pridiže sa zemlje i reče Svetom Starcu:

„Da, Sveti Starče, provodiću dane, godine u utočištu, činiću dobra dela, a povrh svega, svaku zoru, pred izlazak sunca, vršiću ritual puđe Onom Najvećem i Najmoćnijem, Bogu nad Bogovima, Vrhovnom Odmetniku - Šivi!“

***

NARA U AŠRAMU

Narednih meseci život Nare, mladića sa obale Gange, se promenio. Živeo je po pravilima je skromne, tihe i povučene verske rutine u ašramu, duhovnom isposničkom središtu smeštenom na obronku brda iznad reke, nedaleko od svetog grada Rišikeša. Položaj isposničkog kompleksa u divljoj, nedirnutoj prirodi, i njegova izdvojenost od grada doprinosili su da je mladić već nakon prvih nekoliko dana provedenih u ašramu osetio mir i spokojstvo koji su ga, postepeno, sve više obuzimali. Dani su mu prolazili u molitvi, pevanju mantri, u vršenju obreda jutarnjih i večernjih puđa. Ponekad, kada je vreme dozvoljavalo slobodu da se udalji iz ašrama, spustio bi se niz obalu Gange do hiljadugodišnjeg stabla rudre pod kojim je bila duboka jama. Tamo je još uvek sveti starac Aran u svakodnevnom obredu obilaska oko jame izgovarao svete stihove svoje tajne mantre. Starog sadua Nara je posmatrao iz daljine, ne želeći da ga remeti u njegovoj molitvi.

***

Jednog dana, Nara je pošao u šetnju obalom reke. Kada se udaljio uzvodno od grada, pronašao je pusto mesto, seo na pesak i spustio noge u hladnu, bistru vodu. Dugo je sedeo na obali i posmatrao vodu koja je tekla pred njim. Utonuo je u misli.

Sada je znao, bio je sasvim siguran: Ganga je-
ste znanje, koje uzdiže ljudsku dušu. Ono oslobađa,
donosi slobodu. Ono pročišćava. Znanje je takođe
pokret, reka u stalnom pokretu... Znanje večno teče
ka najvišem nebu, baš kao što teče Ganga, usput is-
paravajući vodu u oblake. Ali, uzvišeno znanje koje
nosi ova sveta reka ne može da bude spoznato od
običnih ljudi ili da bude neposredno preneseno njima
bez intervencije duhovnog učitelja ili gurua, ili pro-
svetljenog sveštenika bramana, koji deluje kao posred-
nik i prevodi sveti jezik bogova u ljudski govor...

Posmatrao je vodu koja prelazi preko njego-
vih stopala. Osećao je bliskost, jedinstvo sa njenim
česticama, sa svakom kapljicom vode koja je prekri-
vala njegove noge. Ovaj osećaj polako se pretvarao
u svest o pripadnosti i zajedništvu njegovog tela i hi-
ljadugodišnje energije koju mu predaje ova reka. On
i sveta reka postali su jedno. Svest o tom jedinstvu
davala mu je novu, njemu do tada nepoznatu snagu.
Osećao ju je svim svojim bićem, u nogama, rukama,
u svakoj pori kože uronjene u vodu Svete Reke, u
svakoj maloj ćeliji svog organizma. Ovaj osećaj ga je
uzdizao izvan stvarnog, realno opipljivog, i vodio ga
pred vrata koja predstavljaju granicu između zemalj-
ske realnosti i Univerzuma.

Jer, Ganga, reka koja večno teče, predstavlja
pranu - kosmičku energiju, vitalan princip Univerzu-
ma na svim nivoima, dah, disanje koje se odvija u na-
šim smrtnim telima. Kao prana, koja u naša tela ulazi
kroz dah, Ganga se takođe spušta sa najvišeg neba
putem monsunskih kiša i ulazi u ljudsko telo, kroz

udisaj vazduha ispunjenog vlagom. Zato, Ganga simbolizuje tekuću i prečišćavajuću moć daha. Baš kao što reka hrani zemlju noseći vodu koja stvara život, dah živih bića hrani sve organe u telu i nosi hranu za njih. U svojoj funkciji i značaju, Ganga jasno simbolizuje pranu ili dah kao nešto što se kreće (ga) u organima (nga) i pročišćuje ih. Kao Ganga, disanje živih bića takođe oslobađa sve organe u smrtnom telu i u trenutku smrti nosi ih u predele izvan života i smrti, dozvoljavajući im da se vrate u svoje nebeske domene...

***

Jedne noći, Naru su ophrvale misli o izvorištu Svete Reke. Boraveći u Rušikešu, on se stopio sa energijom Gange, postao je deo nje. Međutim, ono što ga je interesovalo, bilo je poreklo te energije. Ukoliko je reka njen prenosilac, smatrao je, onda je planina njen izvor. A planine su iznad grada, tamo gde reka još nije nastala, daleko na severu. Planine su sveta mesta, izvorišta svega ovozemaljskog. Ako želi da sazna istinu sa izvora, on mora da ode u visove Himalaja.

Nara je odlučio da otputuje sa obale Gange i upozna druga sveta mesta. Već duže vreme, osećao je potrebu da ode negde gde gde je intenzitet spiritualnog snažan u istoj onoj meri kao i svakodnevni život. Tražio je mesto u kojem ne postoji razdvojenost između verovanja, rituala, svakodnevne rutine, zadovoljenja osnovnih ljudskih potreba za hranom i skloništem, tamo gde su duhovni i svakodnevni životni elementi međusobno isprepleteni i nema razlike među njima. Jedino mesto za koje je bio uveren da sadrži sve vrednosti svakodnevnog i spiritualnog života u jednom je Katmandu.

***

Nara se uputio u prestonicu Nepala.

***

ROBERTO

Roberto. Muzičar. Svestrani umetnik. Čudak. Onaj kojeg nikada nisu dobro razumeli. Mag scene i izvorište neverovatne energije. Lumen. Prabiće. Muškarac i žena u jednom, androgena persona. Tragač... Sve su ovo nazivi kojima su mediji i kritičari, prvenstveno muzički pa i likovni analitičari opisivali ličnost Roberta. Mnogi su mu se rugali, vređali ga, ismejavali ga, nisu ga trpeli, mrzeli ga, beskrajno mu se protivili. Ali, svi su mu se, neosporno, divili. Poštovali su njegovu individualnost, dubinu duha, snagu emocija i, nadasve, neprevaziđenu energiju kojom je zračio, bukvalno obasjavao sve koji bi se našli u njegovoj blizini. O njemu su pisali najtiražniji magazini, intervjuisali su ga mnogi ugledni novinari, međutim, nikada nije stekao slavu onakvu kakvu su imali drugi muzičari tokom osamdesetih i devedesetih godina. Njegova karijera, ako je uopšte moguće govoriti o karijeri, zapečaćena je već na samom početku. Roberto je smatran nepoželjnim, subverzivnim, on je bio ličnost koju niste želeli da sretnete, niti biste ga poželeli za životni uzor. Nepravedno zapostavljen, tek danas, mogo godina kasnije, privlači pažnju kritičara koji u njegovom delu pronalaze originalna rešenja i tek odnedavno shvataju njegovu duhovnu veličinu. Decenijama nakon što je ovaj umetnik pao u zaborav, ponovo je otkrivena njegova izvanredna zaostavština. Međutim, da bi nju razumeli na pravi način, potrebno je da zagrebemo malo dublje ispod površine ličnosti ovog neverovatnog umetnika.

***

Roberto je devedesetih godina privukao pažnju na sebe u grupi neobičnih i enigmatičnih muzičkih ikona britanske andergraund scene. Pionir psihodeličnog industrijskog muzičkog žanra, u to vreme bio je na vrhuncu popularnosti. Iako je ovaj muzički pravac tada bio još u povoju i imao relativno mali broj ljubitelja, harizma koja je pratila Roberta, u jednom trenutku svrstavala ga je u red elitnih muzičkih zvezda. Na njegove koncerte nikada nije dolazio veliki broj slušalaca, međutim, oni koji su pratili ova dešavanja po pravilu bili su prefinjenog muzičkog ukusa i dobri poznavaoci avangardnih muzičkih trendova. Istovremeno, ove koncerte pratila je negativna kampanja u kojoj je Roberto optuživan za kršenje tabua, razvrat, narkomaniju, ispoljavanje agresije na sceni i pozivanje svojih mladih obožavalaca da čine zakonom zabranjena dela. Novinari su često pisali žestoke kritičke natpise o Robertu i grupi umetnika koja se pojavljivala u njegovom okruženju jer su neprestano bili u središtu skandala kojima su privlačili pažnju medija. U tekstovima o Robertovim iznenađujućim nastupima upoređivali su ga sa poznatim okultistima kao što su Viljem Barouz, Alister Krauli i Ostin Osmong Sper. Nažalost, novinari su doprineli satanizovanju Roberta i njegovog kruga poštovalaca jer su ih u tekstovima opisivali kao predstavnike satanističkog pokreta, koji su u ''svoju demonsku paukovu mrežu'' uvlačili naivne obožavaoce, iako to oni svakako nisu bili. Zbog ovakvih karakterizacija i hajke u medijima, Roberto nikada nije uspeo da svoj izvanredan muzički talenat predstavi širem krugu slušalaca.

***

Grupu umetnika koja ga je neposredno pratila u njegovim muzičkim poduhvatima Roberto je okupio oko zajedničkog projekta, pod nazivom „Projekat pandrogenije". Cilj učesnika u ovom originalno izvođenom umetničkom performansu bio je da otkriju svoje različite ličnosti sakrivene ispod svakodnevnih maski, da uspostave kontakt sa svojim "drugim ja" i kroz različite faze promena u svom fizičkom izgledu i duhovnoj sferi, pokušaju da žive živote osoba koje su do tada držali zaljučane duboko u svojoj podsvesti.

Tokom izvođenja „Projekta pandrogenije" Roberto je neočekivano otkrio svoj identitet žene u prethodnom životu, a ovo saznanje o svojoj prethodnoj inkarnaciji dovelo ga je do realizovanja njegove smele odluke da promeni pol. Bio je to pokušaj da se i u fizičkom pogledu približi svojoj inkarniranoj prethodnici, koja je i dalje živela u svesti muzičara. Istovremeno, bio je ubeđen da je njegova ličnost dvopolna, zbog čega je odlučio da neskriveno živi život kao androgena osoba. Roberto se dugo i često podvrgavao hirurškim intervencijama i operacijama, sve dok ovu nameru nije i ostvario, odnosno, dok nije postao muška i ženska osoba u jednom telu.

Vrhunac u realizaciji Robertovog „Projekta

pandrogenije" bio je pokušaj ostvarenja namere spajanja nekoliko svojih multipolarnih ličnosti koje su poticale iz prethodnih života, u jedinstvenu reinkarniranu osobu. Prepustivši se saznaju o svojim prethodnim inkarnacijama koje je proveo u telima različitih ličnosti, Roberto je inicirao i podsticao promene u svom unutrašnjem biću istovremeno u duhu i telu, u nameri razotkrivanja "svojeg drugog i svojeg trećeg Ja". Uporedo sa neverovatnim fizičkim promenama nastalim nakon izvršenih brojnih estetskih hirurških zahvata kojima je Roberto podvrgavao svoje telo da bi ga "prilagodio" fizičkom izgledu svoje prethodne inkarnacije, nastale su i dubinske psihičke promene. Robertov um se pomerao sa linije sadašnjosti i polako ali sigurno, tonuo u dubine, kako je sam govorio, onovremenosti, svevremenosti ili čak bezvremenosti. Ovakva stanja duha muzičar je oslikavao u svojim muzičkim kompozicijama, ali i u svakodnevnim trenucima njegovog smelog i jedinstvenog životnog stila.

Sredinom devedesetih, Roberto je objavio knjigu intrigantnog naslova "Priručnik praktične magije", koja međutim, nikada nije pobudila značajniju pažnju javnosti. Ali, iako štampana u svom prvom i jedinom izdanju u svega 200 primeraka, knjiga je postala svojevrsna Biblija njegovih malobrojnih obožavalaca i duhovnih sledbenika. Uticala je na religiozno opredeljenje nekolicine mladih umetnika, bila je inicijator za njihovu odluku da odbace hrišćanstvo kao tradiciju Zapadne kulture i okrenu se traganju za novim putevima svog duhovnog ispunjenja. Religija koja je ovom krugu mladih tada bila izuzetno bliska, bio je hinduizam.

***

Za Roberta, umetnost i život nikada nisu od-
vojeni jedno od drugog. Ovaj dualizam bio je osnova
njegovog života. Jer, život bez umetnosti ne bi imao
smisla, isto kao ni bavljenje umetnošću izvan okvira
stvarnog umetnikovog života. Tokom decenijskog
bavljenja muzikom, a potom pisanjem i slikarstvom,
Roberto je u svojim delima neprestano postavljao
pitanje značenja i supstance sopstvenog identiteta.
Tragajući za "svojim pravim Ja" realizovao je arti-
stičke poduhvate, u njima istraživao nepoznate pre-
dele svoje svesti i tumarao u svetu svojih prethodnih
inkarnacija. Uporedo sa stvaralaštvom na planu mu-
zike i likovnih umetnosti, Roberto je istraživao i na
planu bodi arta. Oblikovao je svoje telo na različite
načine, bojio ga, sekao, bušio, tetovirao, nadgrađivao
masu tkiva, često nesvesno pokušavajući da ga do-
vede u sklad sa sopstvenim idealom lepote koji za-
sigurno nije bio i ideal kojem bi težili drugi ljudi. Iz
samo njemu poznatih razloga, dostizanje tog ideala
bilo mu je izuzetno važno. Međutim, Roberto nikada
nije pomislio, niti sanjao da će ovo njegovo traganje
otići toliko daleko da će ga odvesti hiljadama godina
u prošlost i hiljadama kilometara daleko od njegove
rodne Evrope, sve do Istoka, zemlje Najvećeg među
Najvećima, Šive.

***

**U nekoliko navrata Roberto je putovao na
Istok, pokušavajući da tamo pronađe odgovore**

na svoja životna pitanja. Sa tih putovanja vraćao se promenjen, noseći u sebi novu, snažnu energiju. Međutim, sa putovanja na koje je otišao 2017. godine, nije se vratio. Poslednji put viđen je u Tibetu, među šaivističkim vernicima koji su bili na hodočašću na svetoj planini Kailaš. Prema svedočenju lokalnog vodiča, Roberto se u jednom trenutku izdvojio iz grupe i pošao sâm prema vrhu planine. Posle toga, njemu se gubi svaki trag.

***

Opisujući u nekoliko beležnica inserte svoje životne priče o traganju za "svojim Ja", "prabićem", "prauzrokom ili "osnovnim identitetim", Roberto je ostavio interesantne i vredne životne zapise. Svoje, rukom ispisane tekstove nikada nije objavio u formi biografije. Međutim, pre svog poslednjeg puta na Istok 2017. dozvolio je da oni budu reinterpretirani i objavljeni u nekoliko nepoznatih časopisa o umetnosti i kulturi, kao i da budu dopunjeni intervjuima koje je dao malo poznatim listovima iz sveta umetnosti. Ova građa je važan izvor saznanja o Robertovom unutrašnjem svetu. Na osnovu tih zapisa i intervjua, pokušao sam da sastavim mozaik Robertovih neobičnih životnih putovanja na Nepal i prenesem ih u ovu knjigu.

***

ROBERTOVA PRIČA

Potrebu da se bavim nečim izvan svojih svakodnevnih aktivnosti, bilo da je to muzika, književnost, slikarstvo, pa čak i okultizam, osetio sam još početkom osamdesetih. Tada sam bio mlad, svršen student arhitekture, slikarstva i istorije umetnosti, prepun ideala ali i iluzija o ovom svetu. Nekoliko godina posle završetka studija pokušavao sam da se zaposlim u nekom među mnogobrojnim londonskim arhitektonskom biroima, ali sam ubrzo shvatio da to nije moguće, jer, niko nije želeo da me zaposli. Mnogo godina je trebalo da prođu da shvatim da je u to vreme najveća kočnica i prepreka koja se nalazila između mene i ostalih ljudi iz mog okruženja, pogotovo stručnih krugova kolega arhitekata, upravo moja nesvakidašnje snažno ispoljena individualnost. Kao mlad arhitekta smatrao sam sebe uvek različitim od drugih, boljim od najboljih, sposobnijim od najsposobnijih. Tih godina moje mladosti, ove osobine nisu kvalifikovale mladog stručnjaka za rad u kolektivu. Nasuprot, činile su da ga drugi pogrešno procenjuju za hvalisavca ili se naprosto boje njegove erudicije i izbegavaju da rade sa njim.

Iako svestan svojih visokih vrednosti, vrlo brzo sam odustao od profesije za koju sam se obrazovao. Polje mog interesovanja proširilo se na ostale umetnosti, prvenstveno na muziku. Ubrzo, osnovao sam bend u kojem sam mogao da prenesem bujicu energije i ideja koje su me u to doba obuzimale. Međutim, to nije bila obična muzička grupa. Kada jedan bend, sastavljen od grupe mladih i neafirmisanih muzičara, pokuša da stvori ozbiljnu muziku, sa dubokom porukom zasnovanom na stvarnosti života, novim idejama i konceptima, to može da bude veoma frustrirajuće za mediokritete. Vrlo rano sam shvatio da postoji nešto mnogo značajnije od cilja jednog mladog ali originalnog muzičkog sastava da napravi hit. A oni poštovaoci muzike koji traže nešto više od običnog hita, traže i mnogo više informacija i sadržaja. A ja sam želeo da im pružim mnogo više od jednostavnog muzičkog hita i gomile jednostavnih informacija.

Krajem osamdesetih, zajedno sa članovim benda i najbližim prijateljima uspostavio sam široku mrežu poštovalaca industrijskog psihodeličnog stila muzike kojim je grupa svirala i umetnosti telesnog performansa, koju sam propagirao. U jednom trenutku, oko ideja moje muzičke grupe bilo je okupljeno oko deset hiljada fanova, među kojima je njih desetak bilo aktvno u zajedničkom umetničkom radu, na različite načine. Jedni su učestvovali u pripremi scenskog nastupa grupe, koreografiji, scenografiji, drugi su predlagali kostime i maske, radili predloge grafičkog dizajna vizuelnog identiteta grupe, pisali prateće tekstove, agitovali i reklamirali koncerte.

***

Jednog popodneva, sedeo sam u restoranu i pio kafu sa mladim prijateljem, muzičarem iz Škotske. On mi je pričao o svom radu sa narkomanima

koji su boravili na lečenju u jednom budističkom ma-
nastiru u Škotskoj. Naime, on je nedavno dospeo u
budistički manastir u nadi da će tu dobiti odgovore
na pitanja o problemima koje je imao sa zavisno-
šću od različitih opijata. U manastiru je otkrio svoju
sposobnost da pozitivno utiče na svoju neposrednu
okolinu, u kojoj su bili uglavnom hronični narkoma-
ni. Boraveći makar kratko vreme u tom budističkom
manastiru, gde je upoznao velikog Lamu Ješea, pro-
menio je svoje stavove o životu i postao pristalica
tibetanskog budističkog učenja.

Njegova priča mi je delovala interesantno, pre
svega jer je opisivala primer čoveka koji je, opterećen
teškim problemima narkomanije, ušavši u novu sre-
dinu odjednom postao svestan svoje neverovatne
moći da lekovito deluje na ljude u svojoj okolini koji
su bolesni poput njega.

Videvši moju pozitivnu reakciju na priču, u
jednom trenutku mi je rekao:

„Roberto, u tvojim postupcima i životnim
uverenjima postoji velika sličnost sa filozofskim
principima tibetanskog budizma. Zašto ne probaš da
upoznaš tu kulturu sa izvora? Trebalo bi da odeš na
Istok.”

„Ali, ne znam gde bih mogao da sa izvora
upoznam tibetanski budizam, kada je Tibet odavno
u rukama Kine?” odgovorio sam sa skepsom.

„Ne znam. Možda bi Nepal bilo pravo mesto
za tebe?”

Ove reči mladog Škotlanđanina su mi se ure-
zale u glavu.

***

Tog leta, kupio sam stari polovan kombi kam-
per i krenuo na put po Britaniji. Obilazio sam mala,
turistički nepoznata mesta u nadi da ću u njima pro-
naći nešto novo, nesvakidašnje značajno, poput po-
znatog turističkog i arheološkog lokaliteta Stounhen-
dža. Sa neskrivenim idealizmom malog deteta, žudeo
sam da otkrijem neku nepoznatu lokaciju na kojoj
se nalazi neki izuzetno vredan i značajan arheološki
spomenik i da na njoj provedem nekoliko dana u je-
dnostavnoj, tihoj meditaciji, u razmišljanju o suštini
i svrsi života i mojoj maloj ulozi u ovom sveopštem
životnom teatru kojeg nazivamo stvarnost. Nažalost,
i pored velike želje i volje, nisam uspeo da pronađem
takvo posebno mesto. Leto sam proveo tumarajući
kamperom od sela do sela, spavajući na parkinzima i
razmišljajući o tome da mi nije trebalo da protraćim
par meseci na ovakav, neinspirativan način.

***

Rane jeseni naredne 1990. godine, naprasno
sam odlučio da svojim malim kamperom otputujem
u Škotsku. Naoko bez vidljivog razloga, napunio sam
rezervoar gorivom i uputio se u neizvesnost. Sada
znam da me je u Škotsku vodila podsvesna ideja da
obiđem budistički manastir o kojem mi je pre godinu
dana govorio mladi muzičar.

BUDISTIČKI MANASTIR

Sećam se, bila je mrkla noć, a ja sam se izgubio vozeći po Škotskom bespuću. Dovezao sam se u područje šuma stoletnih stabala. Kolski put se sve više sužavao, a ja nisam više bio u stanju ni približno da odredim mesto gde se nalazim. Nadao sam se da ću uskoro ispred sebe videti svetla nekog gradića ili sela i da će to da bude spas moje noćne agonije. Međutim, vozio sam se isuviše dugo kroz nepoznate predele, da sam već izgubio svaku nadu da ću uskoro stići u neki grad.

U jednom trenutku, ispred svetlosti mog kampera se iz mrkle tmine pojavi figura čoveka. Mahao mi je rukom, pokušavajući da mi stavi do znanja da treba da stanem. Bio je to neki čudak, neznanac u tamnomrkoj odori, obrijane glave. Videvši ga iz daljine, procenio sam prema njegovom izgledu da je nekakav kaluđer ili sveštenik. Odlučio sam da zaustavim kamper i zapitam neznanca kuda je krenuo. Upitah ga:

„Dobro veče, kuda ste krenuli?"

„Tim pravcem", odgovori stranac i uperi prstom niz put.

„Da, ali gde idete?", začudih se.

On mi mirnim i tihim glasom odgovori:

„Ovim putem.”

Iako mi nije bio jasan njegov odgovor, po liku sam zaključio da se radi o dobronamernom čoveku kojem je u ovom trenutku potrebna pomoć. Kao što nisam želeo da ostanem sâm ove noći u dubokoj šumi, želeo sam da neznanca izvedem iz nje i odvezem ga u sigurnost civilizacije.

„Uđite u auto!” doviknuh mu.

Neznanac se pope u moj kamper i sede na suvozačevo mesto.

„Odvešću vas onoliko daleko koliko idem u vašem pravcu”, okrenuh se prema strancu.

Stranac je ćutao.

Jedno vreme vozio sam ćutke. Stranac je mirno sedeo pored mene. U jednom trenutku, reče:

„Ovde ću da izađem.”

Pogledao sam okolo puta. U blizini nije bilo nijedno svetlo, nije bilo ničega. Samo drveće i gusta stoletna šuma. Zaustavio sam vozilo, a čovek je izašao iz njega. Pokušao sam da ga ispratim pogledom i kažem nešto, kao: "Bilo mi je drago da sam Vas upoznao", međutim, on je već nestao. Tražio sam siluetu neznanca u šumi oko vozila, ali tamo je nije bilo. Rekao sam, smejući se, u sebi:

„Gde nestade ovaj čovek?”

U neverici, izašao sam iz vozila i pogledom

prošao svuda okolo mog kampera, a potom sam pokušao da neznanca pronađem u dubini šume. Međutim, nikoga nije bilo u blizini.

Uskočio sam u kamper, seo za volan i vezao sigurnosni pojas. U tom trenutku, pažnju mi je privukao mali, tamni predmet na suvozačevom sedištu. Pogledao sam bolje. Bila je to mala knjiga tamnocrvenih korica. Otvorio sam je i na prvoj strani pročitao naslov: "Knjiga Arana".

„Knjiga Arana? Nije mi poznata ova knjiga."

Spakovao sam knjigu u kasetu. Nastavio sam sa vožnjom.

Nakon nekoliko stotina metara, ispred vozila sam ugledao svetla. Ona su dolazila sa kandelijera koji su bili postavljeni na meni suprotnoj strani puta. Pošto sam se vozeći polako približio svetlima, video sam ispred vozila stariju osobu odevenu u tamnocrveni ogrtač. A onda sam obratio pažnju na okolinu. Sa strane puta, na drveću osvetljenom uličnim lampama visilo je mnoštvo tibetanskih molitvenih zastavica različitih boja. U dubini tame, nazirao se osvetljen sporedni put i uređen parking. Odmah sam shvatio da bi to mogao da bude budistički manastir o kojem mi je pre godinu dana govorio prijatelj. Jer, šta bi drugo moglo biti, tako ukrašeno tibetanskim zastavicama, u ovoj dubokoj šumi? Kako bilo, atmosfera je bila prijateljska u poređenju sa potpunim mrakom okolnih šuma kroz koje sam se donedavno vozio.

Detaljnije sam pogledao osobu koja se nalazila ispred mog vozila i išla mi u susret. Bila je to budistička monahinja koja mi je, prijatno nasmejanog lica, širom raširenih ruku, prilazila. Priljubila je lice uz prozor mog kombija i pokucala na njega. Rekla je:

„Dobrodošli, očekujemo vas!"

„Kako mislite, očekujete me?", začuđeno upitah. "Ja čak i ne znam gde se nalazim! Mislim da već satima vozim izgubljen u ovoj škotskoj divljini!"

Ona reče:

„Lama Ješe očekuje da Vas vidi i poziva Vas da nam se pridružite na noćnoj meditaciji!"

„Ipak, ništa mi nije jasno. Ko me očekuje? Kako me očekuje?"

Parkirao sam kamper u dvorištu. Nekoliko desetina metara ispred sebe video sam karakteristične konture arhitekture budističkog hrama. Pošao sam za monahinjom. Ona me je uvela u veliku, tamnu prostoriju osvetljenu svetlošću sveća, punu budističkih monaha. Na prvi pogled, u mraku prostorije, mogao sam da zaključim da ih je bilo oko stotinu. Sedeli su u nizovima na niskim platformama uzdignutim iznad poda. U dubini sale, na uzvišenom podijumu sedeo je starac obrijane glave, obučen u zlatnožutu odoru. Ispred njega, nalazilo se jedno prazno mesto. Na to mesto su smestili mene.

Seo sam na mali jastuk koji je bio postavljen na niskom podijumu, sklopljenih nogu. Pogledom sam pratio obrise prostorije u kojoj sam se nalazio i lica budističkih monaha koji su sedeli okolo mene. Pretpostavio sam da se u čelu sale nalazi starešina ove grupe. A onda mi je sinula misao da je možda taj stari monah obrijane glave sam Lama Ješe!

U jednom trenutku, nedaleko od mene, ugledao sam poznato lice monaha stopera kojeg sam pre samo desetak minuta dovezao u blizinu ovog tibetanskog utočišta.

Obratio sam mu se tihim glasom:

„Gospodine, zaboravili ste u mom vozilu knjigu!"

„Knjigu? Kakvu knjigu?", upita me on.

„Knjigu Arana."

„A, da", reče monah, "Knjigu Arana" sam Vam ostavio na poklon."

„Na poklon? Hvala u svakom slučaju, ali, ja ne znam o čemu piše u ovoj knjizi?"

„Knjiga je o meni, o Vama, o ljudima čistog uma i snažne svesti."

„A ko je Aran?"

„Aran, to ste možda Vi. Svako ko razume makar samo jedan delić ove knjige, pa bila to i jedna jedina strofa, spoznaće veliku Istinu Života."

„?"

A onda je stari monah koji je sedeo u čelu prostorije progovorio, odnosno, počeo da peva mantru. Ostali su mu se pridružili. Zajedno sa grupom monaha u prostoriji i ja sam se prepustio meditaciji. Za mene, bio je to odličan predah od napornog dana, koji mi je baš bio neophodan. Utonuo sam u mir atmosfere noćne meditacije. Bez ikakvog iskustva monaškog tibetanskog rituala i umoran od celodnevne vožnje, pao sam u san.

Iz sna me je trgla senka koja se nadvila iznad mene. Otvorio sam oči i iznenađeno pred sobom ugledao Lamu Ješea koji me je posmatrao sa smeškom. Nakon nekoliko trenutaka čekanja da se probudim iz opijenosti meditacijom, lama mi se obratio:

,,Gospodine Roberte, o vama sam čuo mnogo toga. Poznate su mi Vaše knjige, a posebno Vaša muzika. Čast mi je i zadovoljstvo da Vas lično upoznam. Budite gost u našem utočištu narednih nekoliko dana.''

Polusnen, premoren, odmah sam prihvatio poziv.

,,Sa zadovoljstvom ću provesti naredni vikend u manastiru'', odgovorio sam bez oklevanja.

***

Pošto su me odveli u deo manastira sa monaškim sobama i pokazali mi moju prostoriju, seo sam na postelju spremljenu na podu. Iako umoran, nisam mogao da zaspim. Dugo sam gledao kroz prozor u dubinu dvorišta manastira. Pred samu zoru, zapazio sam na čistini ispod moje sobe grupu monaha koji su se skupljali i zatim polako i tiho odlazili u salu za meditiranje. Nisam želeo da propistim ovaj jutarnji događaj, te sam brzo sišao u dvorište i pridružio im se. Ušao sam u salu.

Sada sam u svetlosti zore mogao detaljnije da sagledam ovu prostoriju u kojoj sam bio na noćnoj meditaciji. U dugačkoj i neobično visokoj sali nalazili su se nizovi uzdignutih platformi na kojima su postavljeni jastučići za sedenje. Desetine monaha već su bili zauzeli svoje pozicije na podu, sedeći prekrštenih nogu. Na čelu prostorije nalazio se uzdignuti podijum, na kojem je sedeo Lama Ješe. Zavladao je tajac. A onda se začuo glas lame koji je izgovarao poznatu budističku mantru:

OM MANI PEME HUM

***

Iako je moje znanje o budizmu tada bilo nedovoljno, ova mantra bila mi je dobro poznata. Prva reč Om (Aum) ॐ jeste poznati sveti slog koji se nalazi u indijskim religijama. To je jedan od najvažnijih duhovnih simbola (pratima), koji se odnosi na atman (dušu, unutrašnje sopstvo) i braman (krajnja stvarnost, celina Univerzuma, istina, božansko, vrhovni duh, kosmička načela, znanje). Reč Mani znači „dragulj" ili „perla". Peme je „cvet lotosa" (budistički sveti cvet) a Hum je duh prosvetljenja. Ova mantra je na Tibetu, Nepalu i Indiji najčešće urezana na stenama duž planinskih staza i u blizini svetih mesta. Napisana je ili štampana na hartiji, a takođe u vidu reljefa prisutna na budističkim molitvenim točkovima. Kada vrtimo molitveni točak i recitujemo mantru, njen efekat se udvostručuje.

Mantru Om Mani Peme Hum je lako recitovati, a pritom ona je vrlo moćna, jer sadrži suštinu celokupnog budističkog učenja. Kada izgovorimo prvi slog Om blagosloveni smo da dosegnemo savršenstvo u praksi velikodušnosti, Ma pomaže usavršavanju prakse čiste etike, a Ni predstavlja potporu u postizanju savršenstva u praksi tolerancije i strpljenja. Pe, četvrti slog, pomaže da se postigne savršenstvo upornosti, Me nas upućuje prema postizanju savršenstva u praksi koncentracije. Konačno, poslednji, šesti slog Hum pomaže u postizanju savršenstva u praksi mudrosti. Dakle, na ovaj način recitovanje mantre deluje na putu dostizanja savršenstva u šest praksi, od velikodušnosti do mudrosti. Put ovih šest savršenstava je staza kojom su prošle sve Bude.

Zajedno sa monasima, prepustio sam se moćnim zvucima ove mantre.

***

Tih sat vremena praskozorja u budističkom manastiru ne znam da li sam proveo u dubokoj meditaciji ili sam utonuo u noćni san koji mi je tada bio preko potreban. Tek, trgao sam se iz stanja nalik snu kada su monasi oko mene počeli da ustaju i napuštaju prostoriju.

Izašao sam iz dvorane za meditaciju na svetlo dana. Sunce je izašlo iznad horizonta i ja sam osetio blagodet njegovih toplih zraka na svom licu.

Pošao sam do mog kampera parkiranog na zaravni nedaleko od ulaza u manastirski kompleks i iz njega izneo knjigu koju sam prošle noći dobio na poklon. Otvorio sam tamnocrvene korice i počeo da čitam:

KNJIGA ARANA

U blizini hiljadugodišnjeg, starog drveta,
Uz svetu reku Ganga
Postoji jama
I na tom mestu sveti starac Aran
Satima, danima, godinama
Obilazi oko nje,
U krug, u krug.

Njegov um je svetionik u velu noći,
Namenjen čudnoj vrsti mode Univerzuma
- Čoveku,
Da mu ukaže na ono što je ispravno i pogrešno...

Ali, taj starac se nikada neće boriti za tebe...
Niti će se boriti za čovečanstvo,
Jer to nije u njegovoj moći...

„Čudne li pesme?" pomislih. "O kakvom se

to mestu radi, pored svete reke Gange, pored drveta i jame okolo koje u krug ophodi sveti starac? I kakav je to on svetionik? I zbog čega se taj sveti čovek neće boriti za čovečanstvo?"

*

Vikend proveden u tibetanskom budističkom manastiru u Škotskoj proveo sam meditirajući, u polusnu. Nisam pokušavao da shvatim suštinu mog boravka na ovom svetom mestu, niti sam se zapitao otkuda ja baš tu, ovako nenadano i nenajavljen. Dani vikenda prošli su kao tren.

Rano ujutro, na dan mog odlaska, pozvao me je Lama Ješe u svoju sobu:

„Prijatelju, dođi kod mene."

Pošao sam sa radošću i željom da zavirim u privatnost monaške sobe ovog poštovanog tibetanskog učitelja.

Lama Ješe me je dočekao sedeći na podu, prekrštenih nogu. Ispred njega nalazio se mali televizor. Sa zantiželjom i osmehom na licu lama je na televiziji gledao film o prirodi.

Čučnuo sam pored njega i pridružio mu se u uživanju televizijskog programa. Smejali smo se zajedno, gledajući emisiju o spasavanju i negovanju koala.

U jednom trenutku, Lama Ješe se okrenu prema meni i upita:

„Roberto, ti nisi zadovoljan svojim sadašnjim životom, zar ne?”

„Ma, ne... Nisam”, odgovorio sam polutihim glasom, zbunjen.

Lama me pogleda blagim i iskrenim osmehom na licu.

„Roberto, otputuj na neko vreme na Istok, u Katmandu. Mi imamo tamo manastir i mislimo da će ti zaista prijati boravak među našim monasima u Nepalu.”

Nisam mnogo razmišljao. Prihvatio sam ovaj poziv kao nešto sasvim normalno, što je bilo već predodređeno da se dogodi. Znao sam da se nalazim u sigurnim i neizbežnim rukama karme i da je besmisleno da pokušam da promenim njen tok. Smatrao sam sastavnim delom moje karme nedavni ponoćni susret sa neznancem autostoperom na pustoj cesti usred šume, koji je verovatno bio planiran od strane viših sila na koje sâm nemam uticaj. Zakon karme me je, na kraju, doveo u okrilje ovog manastira i upoznao sa svetim bićem, Lamom Ješeom. Uz pomoć karme, na koju nemam uticaja, spremio sam se da otputujem u Katmandu.

***

PUT U KATMANDU

Kada sam se iz Škotske vratio u svoj mali londonski stan, započeo sam sa planiranjem puta u budističko pribežište - manastir u Katmanduu. Pozvao sam svoju prijateljicu Evans, koja je imala iskustvo dužeg boravka u ovom gradu, i zamolio je da mi pronađe smeštaj u niskobudžetnom hotelu u centru grada, bar za prvih nekoliko dana, dok ne uspostavim vezu sa budističkim manastirom Lame Ješea. Pronašla mi je jeftinu sobu u malom hotelu budističkog imena „Vađra", što mi se odmah dopalo.

„Sigurna sam da će ti vlasnik hotela dati poseban popust", rekla mi je. "To je zaista lep hotel i biće ti dobra prvobitna baza za početak tvojih aktivnosti u Nepalu."

„U redu", odgovorio sam, "rezerviši mi sobu od početka oktobra."

Pre polaska u Katmandu, obavestio sam svoje prijatelje umetnike o mom putu. Takođe, upoznao sam ih sa svojom namerom da se uključim u aktivnosti tibetanskog manastira u tom gradu volontirajući u pripremi hrane za izbeglice sa Tibeta, bolesne i rekonvalescente, a posebno za prosjake i beskućnike iz Katmandua. Zamolio sam ih da mi doniraju nešto svojih starih odevnih predmeta, koje ću poneti sa sobom i podeliti siromasima.

Moji prijatelji su odgovorili na poziv. Poslali su mi hrpe prelepih stvari koje sam spakovao u veliki paket i poneo sa sobom na put.

***

U Katmandu sam sleteo posle trinaest sati leta. Na aerodromu Tribuvan čekao me je vozač tuk tuka i odvezao u Tamel, staru gradsku četvrt, pred vrata malog hotela skromnog izgleda, po imenu „Vađra". Na samom ulazu u hotel, dobrodošlicu mi je poželeo vlasnik, omanji tamnoputi Nevari Nepalac sa iskrenim osmehom na licu. Oko vrata mi je zavio katu, tradicionalan tibetanski budistički šal koji simbolizuje čistotu i samilost. Odveo me je u moju malu sobu na krovu hotela. Na zidovima sobe su visile mandale, slike na kojima je predstavljen spiritualni i ritualni simbol Univerzuma i mikrokosmosa u hinduizmu i budizmu. Vrata iz sobe vodila su na prostranu krovnu terasu sa koje se pružao veličanstven pogled na grad. Odmah sam izašao na terasu, seo za mali okrugli sto od bambusovine i posmatrao život na ulicama ispod terase. U daljini, prepoznao sam kose krovove palata i hramova starog gradskog jezgra, trga Darbar.

Sedeći na terasi svoje hotelske sobe i uživajući u predivnom pogledu na grad, dočekao sam noć. Zatvorenih očiju, razmišljao sam o lepoti arhitekture nepalske prestonice koja se nalazi svuda oko mene, o ljubaznim i druželjubivim stanovnicima i skrivenim mestima poput ovog na kojem sam se nalazio, koja kod posetilaca bude iskreno i jedinstveno ushićenje i inspiraciju.

***

Iako ga godišnje ne posećuje veliki broj turista, Katmandu je svetski poznat „grad hiljada hramova", brojnih svetilišta i manastira. Pre nego što je komunistička Kina preotela Tibet, u ovom gradu bilo je samo par budističkim manastira. Danas ih ima više od sto. Većina njih kocentrisani su u području oko stupe Bodnat, koje neki danas nazivaju malim Tibetom Nepala. Za vreme kulturne revolucije u Kini, razrušeno je budističko nasleđe u Tibetu, a replike mnogih budističkih kulturnih dobara načinjene su na Nepalu. Osnivač tibetanskog budizma guru Padma Sambava uobličio je zakone tibetanskog budizma. Prema budističkoj tradiciji, drugi sin ili ćerka u svakoj tibetanskoj porodici postajali su monasi i vodili su monaški život. Na svakoj tibetanskoj kući nekada su se vijorile lungte - budističke molitvene zastavice. U svakoj grupaciji sačinjenoj od deset kuća bila je sagrađena mana (stupa), a svako tibetansko selo sadržalo je budistički manastir ili gompu, manastirsko utvrđenje.

Na Nepalu živi više desetina hiljada tibetanskih azilanata u nameri da se ovde trajno nastane. Siromašne izbeglice sa Tibeta dovode svoju decu u budističke manastire širom Nepala da tu žive i uče. Roditelji iz ruralnih područja često se opredeljuju da svoju decu zamonaše, jer u manstirima imaju obezbeđene krov nad glavom i hranu, kao i mogućnost da uče i kasnije studiraju u budističkim manastirima u nepalskoj prestonici Katmanduu.

***

U ovom gradu smeštenom u srcu Himalaja možete hodati ulicom koja sadrži hiljade svetilišta na svakom koraku - na svakom uglu, u pasažu, dvorištu, proširenju ili zidnoj niši, na najneobičnijim mestima. Tu ćete videti ljude obučene u jednostavnu odeću ili nošnju u kojoj rade i žive, kako se mole, recituju mantre i klanjaju se ili prinose darove nekom božanstvu. U Katmanduu, ljudi koji ujutro odlaze na svoj svakodnevni posao zaustavljaju se usput ispred nekog među mnogobrojnim malim svetilištima i u njemu prinesu dar svom bogu. U isto vreme kada grad živi punim dahom, u njemu se vrše kremacije pokojnika, nakon kojih ljudi veju pepeo svojih bližnjih u reku Bagmati, istu onu u kojoj nedaleko od mesta kremacije ljudi peru posuđe, pribor za jelo i svoju odeću. To je živi ciklus u kojem ništa ne može da bude izolovano; sve mora da se uklopi sa opštim načinom života. To je nešto što su Zapadnjaci uvek osećali da nije moguće da bude sastavnim delom onoga što danas nazivamo „zapadnom civilizacijom“. Jer, jedan od problema među onima koji žive na Zapadu je nedostatak pozitivne povezanosti sa prošlosti, sadašnjosti i budućnosti. Zapadnjaci su izgubili ovu sposobnost osećanja vremenske kategorije, a nju su odavno zamenili materijalizam, karijerizam i potrošnja. Oni koji danas uživaju „blagodeti“ zapadne civilizacije žive unutar potuno drugačijih vrednosnih kategorija, ne osećajući one esencijalne, neprocenjive i svete, kao što su ljubav prema drugim živim bićima, saosećajnost i deljenje onoga što imate u cilju poboljšanja svačijeg života. Kada ljudi shvate ove jednostavne životne potrebe, one ih podsete na sve ono što su generacije ljudi sa Zapada izgubile. A susret sa civilizacijom Istoka postaje im podsetnik da razmisle, na kraju, o svom odnosu prema materijalnosti i neophodnosti uključenja pravih, bitnih stvari u svoje živote...

...Na kraju, ljudi veruju u ono što im preostaje, a što se zove Velika Ljubav. Jer, ljubav je onaj vezivni element koji drži izvanredni Univerzum zajedno.

***

Sutradan, pozvao sam telefonom budistički manastir u koji me je uputio Lama Ješe. Pozvali su me da dođem i ja sam se odmah uputio tamo. Moj vozač tuk tuka odvezao me je na obronke brda izvan grada, gde je u zelenilu smešten lepo uređen budistički manastirski kompleks.

Čim sam izašao iz vozila, prema meni je iz kapije manastira istrčao mladi monah odeven u tamnocrvenu odoru, pozdravio me sklopljenih ruku i sproveo kod lame. Ušao sam u malu prostoriju, zidova prekrivenih mandalama. Dočekao me je starešina manastira, lama Lodro. Ponudio me je da sednem na stolicu i poslužio bombonama. Smeškajući se, grickali smo ukusne lokalne voćne bombone i razgovarali o mojim planovima za humanitaran rad u Katmanduu. Lama je bio neobično srećan i zahvalan kada sam mu saopštio da sam iz Londona doneo pakete sa dečjom odećom. Radovao se što će deca izbeglica sa Tibeta ove zime imati šta da obuku.

Na kraju smo se dogovorili da ću ja svakodnevno pomagati u manastirskoj kuhinji prilikom pripremanja obroka za siromašne i da ćemo te obroke deliti u manastirskoj ispostavi u okviru kompleksa budističke stupe Bodnat. Inače, to je tradicija ovog budističkog manastira koja traje godinama, a ja sam bio srećan što ću biti deo nje.

***

Iz prijatnog hotela sanskritskog imena „Vađra", koji ima značenje munje i dijamanta, već sutradan sam se preselio u manastir. Odmah su me doveli u monašku sobicu, gde sam se smestio. Moja mala ćelija nalazila se u krilu kompleksa zgrada u kojem su živela deca. To mi se naročito dopalo. Jer, ovde nikada nije bilo tiho ni dosadno. Moja soba uvek je bila prepuna malih monaha koji su se tiskali oko mene i zapitkivali me o svemu i svačemu. Trudio sam se da kod sebe uvek imam kesicu sa slatkišima koje bih delio ovoj deci.

***

Ustajao sam već u 4 sata ujutro i pre zore odlazio u blok verskih objekata smešten u neposrednom okruženju Bodnat stupe. Ova masivna građevina podignuta po planu budističke mandale, jedna od najvećih sferičnih stupa, predstavlja središte svetog budističkog područja na kojem je podignuto više od 50 tibetanskih gompi (manastira). To je mesto okupljanja velikog broja budističkih monaha i hodočasnika. Za njih sam svako jutro pripremao hranu. Zajedno sa desetak monaha Tibetanaca pripremao sam velike količine riže i dala, jela spremljenog od sočiva i drugih mahunarki. Svako ko bi došao u po-dručje ove svete stupe, ujutro od 7 do 8 sati mogao je da dobije jutarnji obrok dal bata - kuvane riže na pari, supe od sočiva i čiste vode. Obroke smo pripremali dvaput dnevno, svaki dan, cele zime, tokom tri meseca. Ove obroke finansirali su moji prijatelji, umetnici i fanovi moje muzičke grupe iz celog sveta, njih oko tri stotine.

ŠIVINO VENČANJE

Šiva nema telo,
Nikada nije bio osoba.
Da bi simbolizovali neprisutno,
Beskonačno božanstvo,
I učinili ga razumljivim za ljude,

Načinili su od njega oblik.

***

Postoji priča o slučaju koji se dogodio prili-
kom venčaja Šive i Parvati. Trebalo je to da bude naj-
veće venčanje ikada. Šiva - najintenzivnije biće koje
je iko mogao da zamisli - uzimao je drugo ljudsko
biće za partnera u svom životu. Svi oni koji su bili
veoma značajni, ali i oni beznačajni, pojavili su se na
venčanju.

Sve deve i božanska bića bila su prisutna, ali
istovremeno, tu su se pojavili asure i demoni. U slič-
nim situacijama, kada bi došle deve asure bi odbile
da dođu i obrnuto. Jednostavno, nisu mogli zajedno
jedni s drugima. Međutim, pošto se radi o Šivinom
venčanju, odlučili su da ostave po strani njihove raz-
like i neslaganja i ovaj put sednu zajedno na istom
mestu. Zato što je Šiva Pašupati, Gospodar svih ži-
vih bića, svih životinja, crva, insekata i svih drugih
bića, pojavili su se na venčanju. Čak i goblini, duhovi
i dementna bića, došli su kao gosti.

Pošto je to bilo kraljevsko venčanje - venčanje

61

princeze - prethodila mu je važna ceremonija: mlada i mladoženja bi objavili svako svoje porodično stablo. Za kralja, mladinog oca, njegova loza je najvažnija, ponos njegovog života. Sa velikom pompom, objavljeno je porodično stablo Parvati. Ovo je trajalo neko vreme, a kada su završili sa pripovedanjem svih detalja, okrenuli su se prema mladoženji Šivi, koji je sedeo na podu.

Svi gosti čekali su da neko ustane i govori o slavi Šivinog porodičnog stabla, ali niko nije rekao ni reč. Nevestina porodica se zapitala:

„Zar nema nekoga u njegovom klanu ko može da ustane i govori o veličini svoga roda?"

Ali, nije bilo nikoga da ustane i odgovori na pitanje. Ni roditelji, rodbina niti porodica mladoženje nisu došli na svečanost. Jer, mladoženja nije imao nikog. On je došao samo sa svojim pratiocima, ganama, bićima iz pećina i grobalja, koja su izgledala kao iskrivljene, deformisane utvare, bezvredne pogleda. Šivini gosti čak nisu znali da govore ljudskim jezikom i pravili su čudnu kakofoniju zvukova i šumova. Sve je izgledalo da su pijani i da potiču iz svih vrsta različitih država.

Parvatin otac, Parvat Radž, tada zatraži od Šive:

„Molim te, reci nam svoje porodične prethodnike."

Šiva je samo sedeo tiho, zagledan u daljinu, ne gledajući u mladu, ni uzbuđen zbog venčanja. Jednostavno je sedeo, okružen svojim ganama, zureći u ništavilo.

Ponovo su ga upitali, jer niko ne bi dao svoju kćer da se uda za čoveka koji ne poznaje svoje pretke. I bili su u velikoj žurbi zbog toga, jer je svečani trenutak venčanja brzo prolazio. Međutim, Šiva je ostao nem.

Ljudi iz visokog društva, plemenito rođeni kraljevi i sveštenici, gledali su Šivu sa velikim prezirom, a među njima počeo je da se čuje žamor:

„Kakav je njegov rod? Zbog čega ne progovara? Možda potiče iz neke sramotno niske kaste?"

Tada je mudrac Narada, koji je bio prisutan u grupi, videći obrt koji je ovaj događaj poprimio, uzeo svoju vinu i počeo da prebira po samo jednoj žici ovog muzičkog instrumenta. Nastavio je da svira jednu te istu notu: „ting, ting, ting."

Iritiran ovim, Parvatin otac Parvat Radž izgubi živce:

„Kakve su to gluposti? Želimo da čujemo poreklo mladoženje, ali nas on ignoriše. Zar bi trebalo da prepustim takvom čoveku da oženi moju ćerku? I zašto praviš tu dosadnu buku? Je li to trebalo da bude odgovor?

Narada odgovori:

„Ovaj ovde nema roditelje."

Kralj je upitao:

„Da li hoćeš da kažeš da ne zna ko su njegovi roditelji?“

„Ne. On nema porodičnu lozu. On nema nasleđe. On nema gotru. On nema ništa. Sve što ima, jeste On sam.“

Skup gostiju bio je zbunjen. Među njima je nastao žamor. Parvat Radž tada reče:

„Poznajemo ljude koji ne znaju ko im je otac ili majka. Takve nesrećne situacije mogu da se dese. Ali, svakoga rodi neko. Kako može da nema oca ili majku?“

Narada odgovori:

„Zbog toga što je on svajambu - samostvoren. On nema ni oca ni majku. On nema ni poreklo ni loze. On ne pripada tradiciji i nema kraljevstvo da ga podrži. On nema ni gotru ni nakšatru i nema srećnu zvezdu koja ga prati. On je izvan svega toga. On je jogin koji je prihvatio postojanje kao deo sebe. Za njega, postoji samo jedan rod - zvuk. Iskonska, primordijalna, ne-egzistentna priroda, kada je počela da pronalazi postojanje, prva stvar koja je postala, bio je zvuk. Pre toga, ništa nije postojalo. I zato ja trzam ovu žicu.“

***

ROBERTO I NARA

Jednog jutra, nakon volontiranja u pripremanju hrane za monahe i beskućnike na Bodnat stupi, otišao sam u Tamel. Šetajući ovom starom gradskom četvrti, ugledao sam pred sobom natpis, putokaz, na kojem je nacrtana strelica i ispisano „Treće oko". Ovaj intrigantan naziv podsetio me je na naslov knjige koju sam nedavno pročitao: „Treći um" Viljema Barouza i Brajana Gajsina. Ta knjiga, izdata 1977. godine, predstavlja kombinovani književni esej i pisanu zbirku tekstova gde se analiziraju izražajne tehnike pisanja koje su Barouz i Gajsin popularizovali tokom 1960-tih. Sadrži serije književnih isečaka i uključuje preuzimanje tekstova iz različitih literarnih izvora, rezanje stranica iz knjiga, a zatim preoblikovanje i kombinovanje završnog književnog dela u obliku potpuno novih pripovedaka. Svojevremeno, ova tehnika je bila prilagođena takođe za snimanje filma, a upotrebili su je Barouz i filmski režiser Antoni Balč na svom kratkom filmu „Isečci", koji je snimljen ranih 1960-tih. Ova asocijacija na reklamnom panou postavljenom usred uske ulice u Tamelu bila je dovoljno dobar razlog da pratim strelicu koja me je dovela pred ulaz lokalnog restorana.

Iako je reklamna tabla restorana kod mene stvorila početni utisak nekog raskošnog objekta, kada sam u njega ušao, našao sam se u maloj, skromnoj i jednostavnoj unutrašnjosti kafea. Na zidovima su visile slike mandala, a iznad ulaznih vrata bio je okačen znak Om - ॐ, mistični sveti slog ispisan jezikom devanagari, izliven u bronzi. Naručio sam čaj od đumbira i lokalne vegetarijanske momo knedle, specialitet zemalja himalajskog područja.

Jedno vreme bio sam jedini gost u lokalu. A onda, u kafe je ušao omanji, tamnoputi mršav mladić, indijskog porekla, duge crne kose. Dok je ulazio, njegovu belu, dugu košulju od indijskog platna na trenutak je obasjalo svetlo jutarnjeg sunca. U pozadini njegovog tamnoputog lica, zablistao je svetlosni oreol. Ovaj prizor me je iznenadio i ja sam podigao glavu od stola, okrenuvši se prema neznancu.

On je seo za sto pored mene i naručio čaj.

Posmatrao sam njegove prefinjene crte lica: oštar, dug, nadole zakošen nos, snažno izražene usne i jasno iscrtane obrve. Sedeo je podignute glave, pogleda uperenog u znak Om iznad ulaznih vrata. Pogled mi je privukla njegova knjiga koja je ležala na stolu. Na tamnocrvenim koricama pročitao sam naslov „Knjiga Arana".

Odlučio sam da priđem i obratim se neznancu.

Ustao sam sa svog stola i učtivo ga upitao:

„Dobar dan, gospodine. Da li mi dozvoljavate da Vam se pridružim za Vašim stolom?"

Mladić me pogleda ravno u oči. U njegovom pogledu osećao sam dubinu i snagu. Istovremeno, imao sam utisak bliskosti sa ovim ljudskim bićem.

„Naravno", odgovorio je.

Seo sam za njegov sto. Obratio sam mu se tihim i mirnim glasom:

„Gospodine, ne želim da Vas ometam u jutarnjem čaju, ali, moram da Vas nešto upitam. Da li je ovo Vaša knjiga?"

On se nasmeši.

„Jeste."

„Oprostite, ja imam isti ovakav primerak knjige, a ona za mene ima posebno značenje. Zbog toga me zanima, odakle potiče ova knjiga?"

Mladić uze knjigu u ruke.

„Ovo je „Knjiga Arana", svetog starca. On je njen tvorac i moj duhovni vođa, guru."

„A ko je Aran?"

„Aran je sveto biće, koje boravi na obali svete reke Gange."

„Da li je to ono mesto, pored hiljadugodišnjeg stabla, na kojem se nalazi kružna rupa kojoj se ne vidi dno?"

„Da, to je upravo to mesto. A sveti starac kruži oko te rupe recitujući svetu mantru."

„Poštovani mladiću, nisam Vam se predstavio. Moje ime je Roberto. Dolazim iz Velike Britanije i boravim u Katmanduu u volonterskoj misiji."

„Drago mi je, gospodine Roberto. Ja se zovem Nara. Dolazim iz Indije. Sveštenik sam, šaivista, u jednom ašramu u Rišikešu, mestu pod Himalajima, na obali Ganga.“

„Izvinite, ali delujete mi veoma mlado.“

„Da. Ja sam mlad, ali, ponekad izgled ume da zavara.“

„Kako mislite da zavara?“

„Posmatrajući telo, ljudi po njemu mogu da pogrešno odrede starosne karakteristike.“

„Oprostite, možda sam ipak pogrešio. A, koliko ste stari?“

„Moji koreni sežu hiljadama godina unazad.“

Posle ovog odgovora mladića za čijim sam stolom sedeo, odlučio sam da na kraju, ipak, zaćutim. Sedeli smo, ćutke i ispijali svoje tople napitke.

Nakon izvesnog vremena provedenog zajedno za stolom u kafeu, Nara i ja smo izašli na ulice Tamela. Čim me je obasjalo sunce, osetio san novu energiju, a sa njom i potrebu da nastavim razgovor sa neznancem koji je hodao pored mene. Odlučio sam da Naru upitam detalje vezano za „Knjigu Arana“:

„A kakva je Vaša veza sa Aranom, svetim starcem?“

Nara se okrete prema meni i zastade.

„On je moj inicijator, učitelj i duhovni vođa. On je moj pravi otac."

„Oprostite, ja sam nekoliko puta pročitao „Knjigu o Aranu", ali nikada nisam uspeo da proniknem u njenu suštinu. Izgleda da je ova knjiga veoma teška za izravno shvatanje. Da li možete da mi pomognete da bar delimično razumem stihove koji u njoj pišu?"

„Knjiga je svojevrsna zagonetka. A rešenje te zagonetke ne leži u njoj, već u Vama, poštovani Roberto. Jer, rešenje koje vi vidite u ovoj zagonetki, možda za druge ljude nije rešenje, već još jedna, veoma komplikovana stvar. Uostalom, rešenje jednog rebusa ne leži u njemu, već u onom koji ga rešava. Ponekad su najkomplikovanije stvari najlakše razumljive, dok je ono jednostavno i svima jasno, za neke nedokučiva i neshvatljiva tajna. Zato, nemojte se opterećivati saznavanjem suštine sadržaja ove knjige. Ona je, sama po sebi, saznanje, suština koju nosite u sebi hiljadama godina."

„Kako mislite, nosim u sebi suštinu tokom hiljadu godina?"

„Gospodine Roberto, mi smo bića stara hiljadama godina. Naši ciklusi, počev od rođenja pa sve do smrti, samo su periodi između udisaja i izdisaja našeg hiljadugodišnjeg bića. Udisaj je rođenje, izdisaj umiranje, a ono između ova dva predstavlja interval koji mnogi nazivaju život. Ja bih to nazvao - tren, momenat. Naša bića su mnogo starija nego što sami možemo da pomislimo. Ali, savremeni čovek sklon je da poveruje u postojanje vanzemaljaca, čak ih se plaši, ali zanemaruje notornu činjenicu da smo svi mi, u suštini, vanzemaljci."

„Kako?"

„Jednostavno. Svi smo sazdani od jedinstvene, kosmičke materije. Poput naših tela, od iste tvari su sazdane zvezde, galaksije, svemirska prostranstva."

„Tu ste zaista u pravu."

„Da. Čak i sada, dok hodamo ulicama Tamela, na naša tela padaju milioni, hiljade miliona čestica kosmičke materije, energije poput ove sunčeve koja nas obasjava. Na taj način, neprestano, naša tela se sjedinjuju sa kosmosom, postaju još čvršće vezana za njega, postaju neraskidivi deo Univerzuma...

...Da, zaista, mi smo vanzemaljci, satkani od jedinstvene kosmičke materije. Zemlja na kojoj boravimo samo je jedna vrsta odela, cipela, u kojima se privremeno nalazimo, sve dok ne izrastemo iz njih i osetimo potrebu za drugim. Tada prelazimo u drugi kosmički ciklus postojanja."

„A naš duh? da li je i on vanzemaljski?"

„Naš duh je kosmički. On pripada Univerzumu. Sve ono što je oko nas, što je pojmljivo, ali i ono drugo, nepojmljivo, sadržani su unutar našeg duha. On ne može da bude iskazan, niti materijalno predstavljen, ali dokaze o njegovom postojanju nalazimo svuda okolo nas, na svakom mestu i u svakom vremenu. Ovaj duh je nevidljiv, neuništiv, nedodirljiv, dalek i blizak, jednako stvaran i jednako imaginaran. Jer i ono što je imaginarno, nezamislivo, ono što zasigurno nije moguće zamisliti, ipak postoji kao duh. Čak i kada ne postoji, mi o tome govorimo kao o nečemu nepostojećem, dakle, definišemo ga kao nepostojeće, što je evidentan dokaz o njegovom krajnjem postojanju."

Pokušao sam da se udubim i doprem do srži Narine filozofije. Ali, prijatno sunce koje nas je obasjavalo uputilo me je na „ovozemaljske" teme. Upitao sam Naru:

„Poštovani gospodine Naro, zaključujem da Vi ne živite u Katmaduu?"

„U pravu ste, ja živim u Rišikešu, na obali Gange."

„Da li mogu da Vas pitam, koji je povod Vašeg dolaska u ovo lepo mesto?"

„Naravno. Došao sam da se susretnem sa svojim Gospodarom."

„Kojim gospodarom?"

„Gospodarom, Gospodom, ako hoćete drugi naziv, Odmetnikom, Vrhovnim odmetnikom - Šivom."

„A gde ćete da se sretnete sa svojim Gospodarom Šivom?"

„Šiva je svuda, na svakom mestu. Međutim,

postoje mesta koja u sebi nose trajna obeležja njegovog prisustva. Ukoliko se nađete na tom mestu i ukoliko imate sreće, a Vaša karma to omogući, srešćete se tamo sa svojim Gospodarom."

„Koja su ta mesta?"

„Postoje četiri najznačajnija mesta na kojima možete sresti Šivu. Na njima on provodi vreme, tu je ostavio tragove svog boravka. Hiljadama godina, svako od ovih mesta predstavlja cilj hodočasnika, ono je mesto boravka mnogih mistika i jogina. Među prostorima na kojima je moguće sresti Gospoda Šivu je najuzvišeniji Kailaš. Prema verovanju i tradiciji, ova planina na Transhimalajima u Tibetu predstavlja telo Šive, i važno je hodočasničko mesto za čak pet istočnjačkih religija. Kailaš je najveća mistična biblioteka na planeti. Sve što je ikada saznao, svo znanje koje poseduje, Šiva je pohranio na ovoj svetoj planini. Zbog toga, Kailaš smatramo mestom boravka Šive. Ne zato što možda Šiva sedi na njenom vrhu, već što je tu pohranio svo svoje znanje, u obliku svete energije...

...Druga destinacija, Kantisarovar, nalazi se u Garval Hilamajima i predstavlja lokaciju na kojoj je Šiva predavao jogu svojim prvim učenicima, kojih je tada bilo samo sedam. Na ovom mestu Šiva nije poznat kao bog, već kao jogin, Prvi Jogin, Adi Guru, Prvi Guru. Zajedno sa svojima sedam prvih učenika, takozvanih Sapta Rišima, on je razvio nauku joge na prostorima Kantisarovara...

...Sledeće mesto je Kaši. Prema legendi, Šiva

je ovde živeo tokom zime. Živeo je asketski u predelima Gornjih Himalaja. Međutim, kada se venčao, odlučio je da se preseli u nizine. Kaši je posvetio i pretvorio u snažno polje energije koje zrači i danas...

...Planinu Veliangiri mnogi nazivaju Kailašem juga, zbog toga što je Adijoga tu proveo nešto više od tri meseca. Na Veliangiri je otišao pošto je bio ljut i tužan. Kada je došao na ovu planinu, povratio je svoje raspoloženje. Energiju koju je tu ostavio i dalje je moguće osetiti na vrhovima ove svete planine."

„Ali, kako je moguće osetiti božanstvo u unutar jednog prirodnog fenomena, kao što je planina Kailaš?"

„Ukoliko čovek poseduje potrebno umeće, može čak i svakodnevni prostor oko sebe da pretvori u božansko izobilje. Jednostavno, uzme kamen i od njega načini boga ili boginju. To je fenomen posvećenja. Na ovaj način, ogromna količina znanja o drugoj, duhovnoj dimenziji života ovekovečena je na prostorima Indije, posebno Himalaja, a ovde se to smatra najznačajnijom duhovnom stvari i izuzetno ceni i poštuje."

„Poštovani Naro, a kako mogu da prepoznam Šivu?"

„Gospodine Roberto, Šiva je svuda oko nas i njega je lako prepoznati. Ali, njegovi osobeni znakovi su: Mesec, Treće oko, zmija, trišul ili trozubac, Nandi...

...Mesec se smatra poput some, izvorom

omame, opijanja. Gospod Šiva poseduje Mesec zato što je on veliki jogin koji je sve vreme opijen, omamljen, ali je istovremeno izvanredno budan, sedi u velikoj pripravnosti. Da bi uživao u intoksikaciji, moraš biti pripravan. Ovo je osobina jogina - oni su potpuno opijeni, ali upotpunosti budni i pripravni, svesni... Zbog polumeseca kojeg nosi na glavi Šiva se često naziva Čandrasekara, što znači „Onaj koji ima Mesec na svom temenu". Polumesec je zapravo Mesec u svojoj fazi petog dana i simbolizuje vremenski ciklus kroz koji se stvaranje razvija od početka do kraja. Mesec je mera vremena, pa tako polumesec na glavi Gospoda Šive označava njegovu kontrolu toka vremena. Gospod je večna stvarnost i on je izvan vremena. Polumesec je samo jedan među njegovim ukrasima, ali nije sastavni deo Gospoda...

...Najznačajniji aspekt Šive je njegovo otvoreno Treće oko. Jer putem dva postojeća oka ti možeš da vidiš samo ono što fizički postoji. Međutim, Treće oko je ono putem kojeg je moguće uroniti u novu dimenziju percepcije, kroz koju se postaje svestan onoga što se nalazi izvan fizičke pojavnosti i materijalne svesti... Stoga, često se naziva Trajambaka Deva, što znači „Gospodar s troje očiju". Za Sunce se kaže da je Njegovo desno oko, Mesec levo oko, a vatra Njegovo Treće oko. Trećim okom on vidi izvan očiglednosti. Ono predstavlja duhovno znanje i moć i stoga se naziva Oko mudrosti ili Oko znanja. Poput vatre, snažan pogled Šivinog Trećeg oka može da otkrije zlo sa bilo kojeg mesta i da ga upotpunosti uništi. To je razlog zbog kojeg se ljudi boje Njegovog Trećeg oka...

...Zmija kod Šive ukazuje da je Šivina energija dostigla svoj vrhunac. Zmija simbolizuje kundalini šakti, imanentnu eneregiju unutar čovekovog bića. Uvijenu zmiju teško je videti, sve dok se ne trgne. Kundalini takođe nije moguće prepoznati, sve dok se ne pokrene unutar tebe, a tada shvatiš koliko mnogo snage ima u tebi... Tri navoja kojima je zmija sklupčana simbolizuju prošlost, sadašnjost i budućnost - vreme u ciklusima. Zmija gleda u desnom pravcu Gospoda Šive, što označava da trajni zakoni Gospodnjeg razuma i pravde zadržavaju prirodni poredak u Svemiru. Smatra se da je zmija Vasuki Naga, smrtonosna kobra. Gospod koji nosi smrtonosnu zmiju kao ukras prenosi poruku da je On nezavisan od vremena i smrti. Takođe, upućuje na neizmenu energiju koju poseduje.

...Trišul ili trozubac, koplje sa tri zupca simbolizuje temeljna gledišta života. Takođe može biti nazvan pingala, ida i sušumna, ili predstavlja trojstvo koje čine: muškarac, žena i božansko. To su tri osnovna nadija, koncepta hinduističke filozofije - levo, desno i centralno - u energetskom telu ljudskog sistema. Takođe, to su tri temeljne moći Šive: iča - volja, krija - akcija i đnana - znanje. Trušul označava njegovu moć da uništi zlo i neznanje. Kao oružje i instrument kazne, trozubac predstavlja način na koji Gospod Šiva kažnjava one zle na svim ravnima: duhovnoj, suptilnoj i fizičkoj.

...Nandi je ime vratara Kailaša, prebivališta Lorda Šive. Obično je prikazan kao bik ili biće životinjskog identiteta - vahana - koje takođe služi Gospodaru Šivi. Nandi simbolizuje večno čekanje. Onaj koji zna kako da jednostavno sedi i čeka je prirodno meditativan. Nandi sedi, ali vrlo aktivno, sa punim oprezom, pun života, ali samo sedi, što jeste meditacija...

...Šivino telo je posuto pepelom. Ova pojava simbolizuje transcendentalan aspekt njegove prirode i ukazuje da je njegovo prisustvo mnogo veće nego što je to samo njegov fizički fenomen. Pepeo na Gospodnjem telu potiče sa lomača na kojima se spaljuju mrtvi. To ukazuje na filozofiju života i smrti i pokazuje da je smrt konačna realnost života...

...Vibuti su tri crte ispisane pepelom na Šivinom čelu. One simbolizuju besmrtnost i njegovu slavu...

...Đata - kosa ulepljena blatom. Njegova duga kosa upletena u blatom oblepljene bičeve predstavlja Šivu kao Gospodara Vetra ili Vaju-a, koji je suptilan oblik daha prisutnog u svim živim bićima. To pokazuje da je Šiva Pašupatinat, Gopsodar svih živih bića...

...Sveta Ganga... Reka Ganga (ili Gang) je najsvetija hinduistička reka. Prema legendi, reka Ganga ima svoj izvor u Šivi, izvire iz njegove blatom oblepljene kose. U legendama, slikama i statuama, to je simbolički prikazano mlazom vode ove reke koja se raspršuje iz Šivine glave i pada na zemlju. Legenda kaže da je Gospod dopustio da tok reke koja izvire iz njega prođe zemljom i donese vodu pročišćenja za čovečanstvo. Zbog toga, Gospod Šiva se često naziva Gangadara ili „Nositelj reke Gange". Reka Ganga takođe označava plodnost, jedan od kreativnih aspekata Rudre, „vetra oluje". To takođe ukazuje da Šiva nije samo Gspod razaranja, već i Čuvar znanja, čistoće i mira svojih poklonika...

...Šiva ima poluotvorene oči. One prenose ideju da je u toku odvijanje ciklusa Univerzuma. Kada Gospod otvara oči počinje novi ciklus stvaranja, a kada ih zatvara to označava razaranje Univerzuma za stvaranje novog ciklusa. Šivine poluotvorene oči ukazuju da stvaranje prolazi kroz večan cikličan proces, bez početka i bez kraja...

...Tigrova koža je još jedan atribut Gospoda Šive. Prema hinduističkoj mitologiji, tigar je jahala Šakti, boginja moći i snage. Gospod Šiva se često prikazuje kako sedi na tigrovoj koži ili je nosi, što naglašava činjenicu da je On gospodar Šakti i da je on izvan i iznad bilo koje vrste sile. Tigar je takođe simbol požude. Sedenje Gospoda na tigrovoj koži pokazuje da je osvojio požudu. Tigar takođe predstavlja energiju. Gospod Šiva je izvor kreativne energije koja ostaje u potencijalnom obliku tokom stanja raspada Svemira. On aktivira ovu energiju koristeći svoju božansku volju u obnavljanju Svemira u beskonačnim ciklusima razaranja i stvaranja...

...Gospod takođe nosi kože slona i jelena. Slonovi simbolizuju ponos, a jeleni treperavi um. Nošenje koža slona i jelena pokazuje da je Gospod Šiva osvojio ova dva poroka.

...Ogrlica rudrakše... Šiva je gotovo uvek prikazan kako nosi orglicu sa 108 perli načinjenu od semena drveta rudrakše. Zrnca predstavljaju elemente koji se koriste u stvaranju sveta. Ogrlica rudrakša ukazuje na „rudra" aspekt gospodnjeg, što je takođe Njegovo drugo ime. Reč „rudra" znači „strog" ili „beskompromisan", a „akša" znači „oko". Ovo ulistruje činjenicu da je Gospod Šiva čvrst u svojim kosmičkim zakonima i strogo održava zakon i red u Svemiru...

...Damaru je mali bubanj u obliku sata peščanika koji Gospod drži u jednoj ruci u određenom gestu koji se zove damaru hasta. Dve suprotne strane bubnja međusobno su odvojene tankom strukturom vrata i predstavljaju dva krajnje različita stanja postojanja: nemanifestovano i manifestovano. Kada se damaru prodrma, proizvodi „nadu", kosmički zvuk OM (AUM), koji je moguće čuti u toku duboke meditacije. Prema hinduističkim spisima, „nada" je izvor stvaranja. Ovo je jedan od atributa Šive tokom njegovog čuvenog plesa poznatom kao natarađa...

...Kamandalu je vrč za vodu koji se često prikazuje uz Gospoda i predstavlja jedan među njegovim priborom. Prema predanju, načinjen je od suve bundeve i sadrži amrit - nektar. Indijski jogiji i mudraci smatraju da kamandalu nosi kao osnovnu nužnost. Nošenje kamandale pokazuje jogičku prirodu Gospoda. Ali, ona ima i dublje značenje. Budući da je zrela bundeva ubrana sa stabljike, da je njeno seme iznutra uklonjeno a ljuska očišćena da bi u njoj kasnije čuvan nektar, tako i svaki pojedinac treba da se odrekne od vezanosti za fizički svet i očisti svoje unutrašnje egoističke želje da bi doživeo blaženstvo sopstva, koje simbolizuje nektar u kamandaluu...

...Naziv kundale odnosi se na dve naušnice koje Gospod nosi: alakšju, koja ima značenje „ono što se ne može pokazati nikakvim znakom" i niranđan, sa značenjem „ono što ne može biti viđeno očima smrtnika". Ukrasi na ušima Gospoda označavaju da je on izvan obične percepcije. Kundala koju Gospod nosi u levom uhu je vrsta koju upotrebljavaju žene, a u desnom uhu je vrsta koju upotrebljavaju muškarci. Ova dva tipa kundale predstavljaju Šivu i Šakti, muški i ženski princip kreacije...

...Planina Kailaš ili Kailaša... Gospod Šiva je najčešće prikazan kako sedi na prelepim visovima Himalaja, koji su predstavljeni iza njega. Planina Kailaš na Himalajima je Šivino tradicionalno prebivalište. U hinduističkoj mitologiji, za planinu Kailaš se smatra da predstavlja središte Svemira. To označava da je Gospod Šiva Kailaš - Čuvar Mira i takođe Kailašadipati, što ima značenje Gospodar Planine Kailaš...

...Nadalje, Šiva ima plavo telo. Plavo znači „poput neba". Plava boja označava sve-prožimanje, beskonačnost koja nema granica. Nema oblik. Šiva nema telo. Šiva nikada nije bio osoba..."

„Kako to, Šiva nikada nije bio osoba?"

„Kako bi simbolizovali nedokučivo, beskonačno božanstvo i učinili da to božanstvo bude razumljivo ljudima, drevni Riši, pesnici vedskih himni, smislili su Šivin oblik. kao što je poznato, sâmo znanje nema oblik, ali prodire do svakoga, čak i u najsitnije čestice Univerzima. Na isti način, ceo svet je ispunjen Šivom - čije je telo u celom svemiru..."

A onda sam zastao i uputio pitanje Nari:

"Ali, niste mi odgovorili, gde ćete se susresti sa Vašim Gospodarom?"

"A, da. U hramu Pašupatinat, najsvetijem hinduističkom hramu u Katmanduu, na obali reke Bagmati... Da li želite da vidite ovaj hram?"

"Da, veoma rado bih posetio taj hram, ali ne znam o njemu bog zna šta."

"Legenda kaže da je Gospod Šiva jednom preuzeo oblik antilope i pojavio se nepoznat u šumi na istočnoj obali reke Bagmati. Nešto kasnije, bogovi su ga sustigli i uhvatili ga za rog, prisilivši ga da preuzme nazad svoj božanski oblik. Taj polomljeni rog je obožavan kao lingam, međutim, vremenom je pohranjen na nepoznatom mestu i izgubljen. Vekovima kasnije, zapanjeni pastiri otkrili su kravu koja je prskala mlekom zemlju. Kopajući dublje na tom mestu, otkrili su božanski lingam Pašupatinata."

"Ova legenda me je veoma zaintrigirala i osnažila želju u meni da posetim taj hram."

"Roberto, dođite večeras u Pašupatinat. Tamo će ove noći biti održan Maha Šivaratri, jedan među najvećim festivalima u Nepalu."

„To je zaista izvanredna prilika! Sa radošću očekujem veče da dođem u Pašupatinat. Ali, čemu je posvećen Maha Šivaratri?“

„Naziv Maha Šivaratri doslovno znači „Noć Šive“. Slavi se na četrnaesti dan dvonedeljnog perioda meseca Maga, prema hinduističkom lunarnom kalendaru. Veruje se da na taj dan zvezde na Severnoj hemisferi stoje na najoptimalnijim pozicijama u kojima mogu da pomognu podizanju čovekove duhovne energije. Takođe se veruje da su principi Šive najaktivniji ovog dana u godini. Maha Šivaratri slavi da označi približavanje Šive i Šakti, Velike Božanske Majke, primordijalne kosmičke energije koja predstavlja dinamičke sile za koje se veruje da pokreću celokupan Univerezum. Maha Šivaratri takođe slavi noć kada je Gospodar Šiva izveo „Tandav“, kosmički ples...

...Stotine hiljada poklonika posećuju te noći hram Pašupatinat u Katmanduu, koji je jedan od najsvetijih hinduističkih hramova. Pašupatinat se smatra za Čuvara i zaštitnika doline Katmandu i Nepala. Prema predanju, Pašupatinat je mesto gde je bog Šiva postao Pašupati, odnosno, „Gospodar životinja“. U hram mogu da uđu samo hinduisti, dok se ostali moraju zadovoljiti pogledom sa druge strane reke Bagmati...

...U noći Maha Šivaratrija poklonici pevaju mantre „On Nama Šivaja“ i „Mahamritanđaja“, tokom cele noći mole se za pobedu svetla nad tamom. Takođe, tu se vrše ceremonije puđe i daršana...“

„Ali, gospodine Naro, ja nisam hinduista i neće mi biti dozvoljen pristup u prostor Pašupatinata."

„Ne brinite, Roberto, samo vi dođite, u prostor hrama uvešću Vas ja. Čekaću Vas na Velikom stepeništu koje se nalazi na hramu suprotnoj obali reke Bagmati."

***

MAHA ŠIVARATRI

Postoje mnoge legende povezane sa noći Maha Šivaratri. Prema narodnom kazanju, kada lovac nije mogao da pronađe u šumi ništa što bi ulovio za hranu, popeo se na granu drvene (slonove) jabuke i tu sedeći, čekao plen. Da bi privukao pažnju jelena, počeo je da baca lišće sa drveta na zemlju, ne znajući da se ispod nalazi Šivin lingam. Prema verovanju, prijatno iznenađen lišćem drvene jabuke i strpljenjem lovca, Gospod Šiva se pojavio pred njim i blagoslovio ga mudrošću. Od tog dana pa nadalje, lovac je prestao da jede meso.

Druga legenda kaže da, nakon što je Zemlja bila suočena sa skorašnjim uništenjem, Boginja Parvati je zavetovala Gospoda Šivu da spasi svet. Prihvativši njenu molbu, Gospod Šiva se složio da to uradi pod uslovom da ga ljudi sa Zemlje slave sa posvećenošću i strašću. Od tog dana, noć je postala poznata kao Maha Šivaratri, a ljudi su počeli da obožavaju Šivu sa velikim entuzijazmom.

Prema jednoj tradiciji, smatra se da je Maha Šivaratri u stvari Šivin dan, jer se verovalo da je to bio odgovor Šive kada ga je Boginja Parvati upitala o njegovom omiljenom danu.

***

Već se spuštao sumrak kada sam stigao na

dokove reke Bagmati, nedaleko od hrama Pašupati-
nata. Na terasama kompleksa hrama, oko mene su
se tiskale gomile vernika koji su došli da noć pro-
vedu slaveći svog Gospodara Šivu. Među brojnim
hodočasnicima najbrojniji su sadui - agori koji su se-
deli duž zidova obale reke. Odeveni u odeću raznih
boja među kojima se ističu narandžasta i šafranova
crvena, sa turbanima na glavama ili bez njih, duge
brade i kose umršene u bičeve, pozdravljali su osta-
le hodočasnike koji su pristizali u dugim redovima.
Među njima, nalazili su se muzičari koji su svirali u
frule, dok su neki među njima prozivodili impresiv-
ne, snažne zvuke duvajući u konhe, duvačke instru-
mente načinjene od školjki bogato ukrašenih sre-
brom i himalajskim poludragim kamenjem tirkizom
i koralom.

Svi su nosili po neko obeležja Šive. Po pravi-
lu, na čelu su imali znak trišule ili lune ucrtane zlanim
ili jarkocrvenim bojama. Neki su na platou ispred
hrama palili vatre, udisali dim i pušili iz lula opojne
trave. Na maloj, izdvojenoj terasi iznad reke, sedeo
je starac crveno obojenog lica, držeći u ruci zvono i
trišulu - trozubac. Na terasi iznad mene čula se muzi-
ka. Starac duge sede brade, zaogrnut ogrtačem boje
šafrana i narandžastim turbanom na glavi, pevao je
pesmu posvećenu Šivi. Oko njega je sedela grupa
isposnika agorija u meditativnoj lotos pozi jogina,
prekrštenih nogu, čitajući svete knjige. Na čelu su im
svetlele tilake, obojeni znakovi posvećeni Šivi. Ove,
takozvane rudra tilake, ili tripundre, sastoje se iz tri
horizontalne trake iscrtane preko čela sa jednom
vertikalnom ili krugom u sredini. Tradicionalno, ti-

lake se iscrtavaju od svetog pepela, dobijenog tokom vatrene žrtve ili nakon kremacije preminulih na obalama reke Bagmati, na gatovima hrama Pašupatinata. Šakte, obožavaoci različitih oblika boginja (Devi), okupljeni u grupi pored mene, nosili su crvene tačke načinjene kumkumom, prahom koji se dobija od turmerika ili kurkume.

***

Prema tradiciji šaivista, poštovalaca Šive, tilaka se crta trima linijama na čelu, i treba da podseti na različite trijade: tri svete vatre, tri gune, tri sveta, tri vrste atmana (sopstva), tri sile u sebi, prve tri Vede, tri ekstrakcije vedskog pića some. Ove linije takođe predstavljaju Šivinu trostruku snagu: volje - ičašakti, znanja - đnanašakti i akcije - krijašakti. Šaivitska tilaka tripundra takođe simbolizuje Šivin trozubac - trišulu i božansku trijadu: Bramu, Višnua i Šivu. Oko tilake, na čelu je utrljan vibuti - sveti pepeo nastao tokom agamičkog rituala.

***

Na središtu čela žena koje su u grupi prilazile platou ispred hrama, svetlele su pod zracima lampi voštanica bindi - crvene tačke. U hinduističkoj metafizici, ova tačka - bindu smatra se centrom u kojem počinje stvaranje sveg postojećeg, iz čega postaje jedinstvo svega. Često su opisane kao simbol kosmosa i njegovog nemanifestovanog stanja. Oko bindu tačke kreira se mandala, spiritualni i ritualni simbol hinduizma i budizma, predstavljajući Univerzum. Smatrana neraskidivim delom dvojnosti muškog i ženskog principa, ova crvena tačka često je simbolič-kim značenjem povezana sa plodnošću. Zajedno sa belom bindu tačkom koja predstavlja spermu - šuklu i crvenom, koja ima značenje menstruacije - maha-rađ, ona predstavlja simbol muško-ženskog jedinstva u rađanju. Bindu bele boje prebiva u čakri visargi i odnosi se na Šivu i Mesec, dok crvena bindu prebiva u muladara čakri i odnosi se na Šakti i Sunce. U jogi, jedinstvo ova dva dela dovodi do uspona kundalini sile u krunsku čakru sahasraru.

***

Iz ulice koja vodi prema gatovima nahrupila je povorka hinduističkih hodočasnika iz Indije. Žene u grupi nosile su žute zastave na kojima je crvenom bojom ispisan znak Om (Aum) ॐ. Na ulazu u ga-tove, dočekali su ih sveštenici pozdravljajući ih. U rukama su imali japa male, brojanice načinjene od rudrakše i drveta tulasi, a oko vrata ogrlice od svetog semena rudrakše .

Oni koji su sedeli u manjim grupama na tlu, recitovali su mantre rečima:

„Om Nama Šivaja"

odnosno:

„Klanjam se Šivi.
Šiva je vrhovna realnost,
Unutrašnje Ja.
To je ime

86

Dato u svesti

Koja boravi u svemu.“

Drugi su pevali Šiva Mantru rečima:

„Mratjandžajaja
Radraja
Nelakantaja
Šambave,
Amritešaja
Sarvaja
Mahadevaja
Te
Namaha“

čije je značenje

„O, Gospode Šivo,
Vi ste taj koji je pobedio smrt i
Onaj koji je odgovoran za uništenje Svemira
Da bi pustio da život ponovo ovlada Zemljom.

O, Gospode,
Vi ste Nilkanta,
Jer posedujete plavo grlo.

Poklanjamo Vam se,

Gospode,

Rukama sklopljenim u namaskar."

Nizu sadua koji su sedeli na tlu prilazio je sveštenik i postavljao im oko vrata ogrlice od rudrakši.

***

Duž obale reke kretale su se duge povorke ljudi koje su dolazile u Pašupatinat iz svih delova Katmandua, Nepala i iz Indije. Izvan grupe, prilazili su ovom Svetom Prostoru nagi agori, čije je telo pokriveno pepelom. Oko bedra nosili su tanak kanap o kojem je visila traka koja je pokrivala njihove genitalije. Oko njihovih vratova, njihali su se debeli snopovi rudrakši.

***

A onda su nedaleko od mene zvuci muzike nadglasali žamor ljudi. Na to su prisutni spontano posedali na tle, priljubivši se bliže oko grupe koja je svirala. Njih nekoliko muzičara udaralo je u bubnjeve, drugi su svirali u frule. Razlegla se pesma svetih zvukova bađana i kirtana. Tela muzičara i golih agorija koji su sedeli na tlu su se povijala u ritmu, a gomila ljudi koja se skupila okolo njih, počela je da igra u brzom, sve bržem ritmu.

***

Nad Pašupatinatom je lagano padao mrak.

***

Kada sam prošao kroz gužvu načinjenu od tela hiljada sadua i hodočasnika, sunce je zašlo i već je postalo toliko tamno da su se lica prisutnih teško razaznavala. Pošao sam prema Velikom stepeništu koje se nalazi nasuprot hrama, iznad reke Bagmati i pažljivo posmatrao lica ljudi koji su sedeli na njemu. U mraku, tražio sam poznato lice Nare.

Na vrhu stepeništa, ugledao sam tanku, visoku, mršavu figuru tamnoputog mladića.

„Naro! Naro!" uzviknuo sam.

Nara mi je mahnuo i sišao meni u susret.

„Dragi Naro, da li me dugo čekaš, ovde na stepeništu?"

„Robetro, upravo sam stigao."

„Da li imaš plan za mene ove noći?"

„Pođi sa mnom."

Sišli smo niz stepenište i mostom prešli preko reke. Na gatovima oko mosta i dalje, pored reke, sedeli su ljudi. Oko jedne grupe spustio se gusti dim. Osetio sam poznat miris marihuane.

„Šta je ovo, Naro? Šta to oni puše?"

„Roberto, u drevnim mitovima o bogovima i Šivi, mnogo pre nego što je Univerzum stvoren, deve ili bogovi uzmutili su kosmički okean u nastojanju da pribave eliksir života, takozvanu Amritu, kojim bi postigli besmrtnost. Pripoveda se da je na svim mestima gde je nektar tog eliksira pao ili dodirnuo zemlju, porasla biljka marihuane...

...U jednom od mitova, Šiva je dobio novu snagu na toploti sunčeve svetlosti nakon što je probao listove biljke marihuane...

...Šiva je sâm rekao da je ovu biljku prihvatio da bude deo njegove omiljene ishrane, zbog čega je često nazivan „Gospodar Bhang".

„Šta je to Bhang?"

„Bhang je kanabis pripremljen za jelo. Tradicionalno, vekovima se ova biljka upotrebljava kao hrana, u jelu i piću."

„Kako se spravlja bhang?"

„Na gatovima oko hrama Pašupatinat možeš da pronađeš ljude koji pripremaju bhang. Uz pomoć avana i tučka, pupoljci i listovi ženske stabljike kanabisa pretvaraju se u pastu. U ovu mešavinu dodaju se mleko, gi (topljeno maslo jaka), mango i indijski začini. Ovako pripremljena baza mase bhanga pretače se u gusto piće gotu, koja se pije na dan svetkovine Šiva Ratri, ili tandai, koje se pije kao zamena za alkoholna pića. Ponekad se naziva bhang tandai ili bhang lasi. Bhang se takođe meša sa gijem i šećerom, da se napravi ljubičasta alva i oblikuje se u ljute kuglice nazvane gole koje se žvaću. Bhang na hindi jeziku doslovno znači „metak" ili „pilula"."

„To mu dođe kao nekakva zamena za psiho-delične supstance?“

„Da.“

„A od čega se priprema tandai?“

„Tandai je indijsko hladno piće koje se pri-prema od smeše badema, semenki kima, semena magaztari (zrna lubenice), latica ruža, bibera, seme-na vetivera, kardamona, šafrana, mleka i šećera. To je piće koje se uživa tokom festivala Maha Šivaratri i Holi. Bhang tandai je blago opojno piće popularno u Indiji i Nepalu, napravljeno mešanjem male količi-ne bhanga - lišća i pupoljaka kanabisa sa tandaijem, napravljenim sa punomasnim mlekom. Sadržaj masti u mleku i mlevenim orasima pomaže rastvaranju ulja kanabisa...

...Hoćeš da probaš bhang lasi?“

„Mogli bi da uzmemo po bhang lasi.“

„Dođi.“

Nara me povede na terasu uzdignutu iznad gatova. Na njoj su ljudi pevali mantre Šivi. Ispred nas, svetlela je fasada hrama ukrašena brojnim sve-tlima i šarenim ukrasima. U uglu terase, na drvenoj podlozi podignutoj na četiri masivne opeke sedeo je je prodavac bhang lasija. Opojnu tečnost čuvao je u metalnim vrčevima, nalik onima u kojima se proda-je i čuva mleko. Nara mu je prišao i kupio dve čaše opojnog pića. Zajedno sa pićem, iz metalne kutije je uzeo dva mala zelena kolača.

„Probaj“, rekao je Nara.

Iz njegovih ruku uzeo sam jedan kolačić i odmah ga prineo ustima, na šta je Nara povikao:

„Polako! Stani! Oni se jedu pažljivo i lagano!“

„Da ipak počnem sa lasijem?“

„Hinduisti piju bhang iz spiritualnih razloga. Piju ga u čast Šive, zbog dobre meditacije, da se približe bogu ili da speru svoje grehove. A sad, uzdravlje!“

Uzeo sam prvi gutljaj bhang lasija. Posmatrao sam zelenu mlečnu tečnost u mojoj čaši i lagano je ispijao. Kada sam ispio celu čašu, Nara me je povukao za rukav i rekao:

„A sada, idemo u hram!“

Pošli smo prema hramu Pašupatinat. Svuda oko nas tiskala se gomila ljudi koji su pevali mantre i glasno molili.

Prošli smo pored niza čaitija - stupa u čijoj unutrašnjosti su svetlucali lingami načinjeni od crnog, sjajno poliranog granita. Okolo čaitija stajali su ljudi, brojni sadui duge kose i brade, ogrnuti tkaninom boje šafrana. Pevali su mantre i molili se. U dugoj noćnoj molitvi prinosili su darove Šivi putem kamenih statua lingama: posipali su ih lišćem drvenih jabuka (slonovih jabuka, limonia acidissima), cvetnim laticama, hladnom vodom i mlekom, za koje se smatra da su Šivini omiljeni darovi.

Kada smo izašli iz prostora sa čaitijama, pridružili smo se procesiji koja je išla prema objektu svetilišta Pašupatinat. Lagano smo prišli glavnom objektu kompleksa hrama.

Ušli smo u unutrašnjost svetilišta. Pred nama se ukazala ogromna statua bika Nandija podignuta na postolju uzdignutom u visini ljudskih očiju. Kao zlatom obložena, uglačana bronzana površina ležećeg bika svetlela je u tami. Oko statue, tiskala se gomila vernika. Prišli smo i obišli jedan krug oko Nandija. Dok smo hodali, moje oči bile su uprte prema glavi bika.

U jednom trenutku, zavrtelo mi se u glavi. Obratio sam se Nari:

„Nešto mi nije dobro, idem sa strane, da sednem."

Nara me je pogledao u oči i osmehnuo se:

„Bhang! Nisi navikao na ovo piće. Najbolje bi bilo da sedneš negde u kraj i odmoriš par minuta. Evo, sedi tu", pokaza na kameni sokl uz zid hrama, „ja ću se brzo vratiti."

Seo sam na stepenik uzdignut od tla sa bočne strane unutrašnjeg dvorišta hrama. Glava mi je naglo otežala i ja sam je pridržavao rukama. Pogled mi je lutao po gomili ljudi koja se nalazila u atrijumu. Iako sam lagano gubio prisebnost, pokušavao sam krajnjim naporom da se koncentrišem na događanja oko mene.

U jednom trenutku, pored mene se našao mali, sivosmeđi majmun. Pogledao sam ga u oči, a on me je netremice posmatrao svojim dubokim crnim inteligentnim očima. A onda me je rukom pozvao da dođem.

Ustao sam i pošao za majmunčetom. Na bočnom zidu atrijuma video sam ispred sebe stara, izrezbarena drvena vrata. Polako sam ih otvorio, a majmun je iskoristio prolaz da uskoči u unutrašnjost hrama. Ušao sam za njim. Svuda oko mene bio je mrkli mrak. Ništa pred sobom nisam video. A onda, kao da je vreme odjednom stalo, a ja sam se našao u vrtlogu neverovatnog događaja.

***

Prvo što sam osetio po ulasku u ovu tamnu prostoriju bio je osećaj da je neko, ili nešto, zarobljeno unutar mog tela. Kao da je dozivalo u pomoć, sve jače i jače, a zatim je i pokušalo da iz njega izađe. Isprva, pomislio sam da je to mali majmun, koji pokušava da se privije uz mene u tami. Zatim sam osetio nenadani udar straha, zbog čega sam bio na ivici panike, možda čak na pragu da budem veoma agresivan, ali, nasuprot ovom osećanju, i dalje sam ostao neuobičajeno miran. U mom umu preovladalo je saznanje da je promena, ovaj proces koji se u meni događa, iako neočekivan, u stvari nešto sasvim prirodno i jednostavno. Ne znam kako, ali znao sam da moja svest prolazi kroz stanja koja možda sam ne mogu da predvidim, kontrolišem niti da se s njima u ovom trenutku opijenosti nosim.

Ubrzo, osetio sam neverovatnu snagu udara izvanredne doze meni nepoznate energije, dovoljno jake da pokrene planine, a ne jednog malog, smrtnog i nejakog ljudskog bića. Ova energija u meni postajala je sve snažnija i snažnija, počela je da me lomi, pokreće, izvodi iz mračne prostorije i na kraju uznosi iznad mase ljudi koja se tiskala u unutrašnjem dvorištu hrama. Štaviše, ona me je ponela uvis, iznad same oblasti hrama. Imao sam snažan i nedvosmislen osećaj da letim...

...Da, ja sam leteo! Ispod sebe, u tami obala reke Bagmati video sam ljude čije su senke svetlucale na svetlosti zapaljenih baklji, sveća i vatri. Ispod mene tekla je sveta voda sa planinskih vrhova Himalaja, sa čijih obala se dizao gusti, lepljivi dim koji je štipao oči i mirisao na hašiš.

Sve vreme sam u sebi čuo umirujući glas koji mi je tiho govorio da nikada ne treba da budem uplašen od bilo čega, bez obzira na to šta se događa oko mene i da treba da ostanem miran, pribran...

...Taj glas me je savetovao da, ma šta da sam do tada radio u životu, treba upravo sada, od ovog trenutka, da radim suprotno.

... Znao sam da treba da zastanem, pogledam okolo, ostavim iza sebe sve ono što me opterećuje i krenem dalje novim putem.

I dalje sam leteo.

Posle prvih trenutaka euforije zbog letenja i katarze koja je nastupila nakon nje, stanje koje me je

obuzelo i u kojem sam bio neočekivani učesnik, po-
primilo je potpuno novi tok. Iznenada, neočekivano
i neobjašnjivo, našao sam se na ivici nekakve kamene
terase visoko uzdignute iznad reke. Prva misao koja
mi se rodila u glavi bila je da skočim u ponor koji se
nalazio ispod mene. Iako sam znao, bio uveren da ću
prilikom pada zasigurno izgubiti glavu, ova ideja bila
mi je jedino logičko rešenje. Bio je to potez koji mi
se nametao u nameri da izađem iz čudne situacije u
kojoj sam se nenadano našao, a koja je počela da me
opterećuje. Laknulo mi je kada sam naprečac doneo
odluku da se bacim u ponor. Sa osećanjem zadovolj-
stva i neopisivom srećom i lakoćom, skočio sam...

...Međutim, nisam pao na tlo. Poleteo sam, vi-
soko uvis. Hladan, oštar vetar koji je dolazio sa sne-
gom pokrivenih vrhova Himalaja udarao mi je u lice
dok sam osvajao visine. Leteo sam iznad Katmadua
i posmatrao ulice i trgove, stare zgrade i ljude koji su
se kretali ispod mene. Leteći, shvatio sam da, iako
sam mâlo, krhko ljudsko biće koje je skočilo sa vrha
visoke litice i po svim zalonima fizike treba da padne
i pogine, ipak prkosim prirodi stvari i uživam u svom
kratkom trenutku koji bi trebalo da mi donese sigur-
nu smrt.

Tokom trajanja leta, moji vidici su postajali
sve širi i širi. Bilo je to potpuno novo iskustvo. U
tim trenucima, postao sam svestan nove stvarnosti
u kojoj se nalazim. I znao sam, u njoj postoje brojni
svetovi, mnogo različitih dimenzija, čiji broj nisam
mogao ni da shvatim, a kamoli da ih prebrojim. Ove
dimenzije su se međusobno preplitale, dodirivale i

udaljavale, a ja sam tonuo kroz njih, nestajao i ponovo se pojavljivao, bio deo njih, ili ih posmatrao izvan meni poznatog sistema prostora. Moj duh je bio izdvojen od tela, pa i izvan sebe samog. U tim trenucima bio sam biće istovremeno bez duha ili biće sa moštvom duhova, bezbroj njih i bezbroj bića, nepojmljivog broja i nepojmljivih struktura i oblika. Ova slika ponavljala se u meni iznova i iznova, desetine, stotine, milione i milijarde puta, a ja sam se potpuno prepustio njoj.

Imao sam utisak da je ovo specifično stanje u kojem se nalazim u stvari vrsta nekakve psihičke petlje, koja nema početak ni kraj, ali me guta u svoj zagrljaj i odmah potom izbacuje iz njega, a da ja tu ne mogu ništa, osim da se prepustim njenoj snazi i sopstvenoj sudbini koja se poigrava mojom nemoći. Pritom mi je promicala glavom misao o tome kako da promenim tok ili oblik ove beskonačne omče koja me drži i ne ispušta. Ova petlja, znao sam, bila je u osnovi moj život, linija beskonačno ponovljenih reinkarnacija, udaha i izdaha, rađanja i umiranja, a ja sam u tim trenucima pomahnitale svesti pokušavao da pronađem načine kako da sve to promenim. Ali, bio sam ubeđen: čak i da je moja životna linija jednostavna i da je na lak način moguće promeniti, nije postojao jasan, fizički - prirodni ili duhovni zakon koji bi tu promenu omogućio.

Oslobodivši se pritiska pomahnitale petlje koja me je držala i bacala kroz bespuća vremena i prostora, prepustio sam se ovom neverovatnom stanju u kojem se nalazim. Pokušao sam da to stanje

istražim - da ga posmatram, ispitujem, merim, u oče-
kivanju da ću videti nešto neobično, novo i nepozna-
to. Tragao sam za iznenađenjem. Jer, iznenađenje je
dobro! Znati šta će se dogoditi u sledećem trenutku
nije ono što me je zanimalo. Želeo sam da putujem
na stazi prepunoj nepoznanica i iznenađenja. A da
bih to i uradio, znao sam da moram da prekršim sva-
ko, pa i najmanje pravilo Univerzuma, uključujući i
ona pravila koja su neminovna, sve zato da bih u nje-
mu, jednostavno, opstao. I bio sam siguran da, kada
prekršim sva ta pravila, biću slobodan da se ponašam
i živim kao gospodar, istinski gospodar svega što po-
stoji, poput boga, Gospodara Univerzuma. Ako bih
u nekom trenutku i pokušao da posumnjam u ovo
ubeđenje, javljala mi se misao koja me je savetovala
da je kršenje pravila Univerzuma vredno makar po-
kušaja, u nameri da bi se saznalo šta se nalazi iza tih
univerzalnih zakona. A to saznanje moglo je da bude
izuzetno značajno, mnogo vrednije od svih mojih
dotadašnjih znanja koja sam tokom života nagomila-
vao čitajući najkvalitetnije knjige i slušajući najumni-
je ljude.

U trenucima kada sam bio izdvojen od stvar-
nosti, daleko od tla koje bi me vezivalo za sve ono
što se događalo na području hrama Pašupatinata,
neprestano sam preispitivao stanje u kojem se na-
lazim i pokušavao da pratim sve promene koje su
se događale u meni i okolini, neverovatnom, čak mi
se činilo izvansvetlosnom brzinom. Osnovno pitanje
koje sam sebi postavio u tim trenucima bilo je: da li je
ono čemu prisustvujem, ili samo pretpostavljam da
prisustvujem ili samo sanjam, da li je sve to vredno,

da li ima ikakvu vrednost i značaj? Jer, sâm život po sebi je vredan, a predstava o njemu takođe može da ima određenu vrednost, u zavisnosti od onoga koji tu predstavu gradi i učestvuje u njoj i toga kakva je ta predstava u svojoj biti. Ali, ako ono u čemu ja sada učestvujem nije stvarno, nije deo mene, deo moga života, već je samo tren, prolazna epizoda pomahnitalog stanja izazvanog halucinogenim dejstvom bhanga, onda verovatno sve to nema nikakav dublji značaj, niti ikakvu vrednost? Ali, sâmo preispitivanje vrednosti po sebi, nije mi donelo satisfakciju. Jer, postala mi je jasna poražavajuća istina da vrednost po sebi, ne znači ništa, a da ono što sam do tada mislio da je vredno u mom biću, u suštini je duboko bezvredno - nula. Takvo saznanje dovelo me je do stanja u kojem sam bio siguran da je sve ono što mislim da je bitno: život, vreme, prostor, ljudi i njihovi međuodnosi, u suštni bezvredno i beskorisno. Ljudski život je jedan mali tren, treptaj oka, može da se ugasi naprečac u deliću sekunde i kao takav je ništavan. Istovremeno, život je hiljadugodišnje trajanje koje se prenosi s jedne inkarnacije na drugu i kao takav je bezličan za jedinku koja traje samo tren, dakle, takođe bezvredan. Međutim, izlaz iz tog stanja večne petlje rađanja i umiranja, dana i noći, udaha i izdaha, ne donosi ništa novo. Jer, točak samsare još niko nije zaustavio, niti je uspeo da iz njegovog kretanja izađe. Nasuprot, onaj koji mu se usportivio, bio je smrvljen.

A onda me je obuzela misao da je neophodno da preuzmem kontrolu nad događanjima u čijem centru sam se nenadano našao. Pokušao sam to da učinim, međutim, bilo je izuzetno teško. Osnovno osećanje koje sam imao u tim trenucima bilo je da je kontrola besmislena i da upotreba kontrole ne može da dovede ni do čega značajnog. Znao sam da je put prema kontroli svega, pa i samog Univerzuma postavljen preko saznanja da je prvi korak koji treba učiniti, oblikovanje i kontrola sebe. A to je moguće uraditi samo ukoliko si pripremljen da žrtvuješ sve, čak i ono najvrednije - samog sebe. Nakon ovog saznanja, osećao sam kao da sam ove noći izgubio sve što sam imao, uključujući i sebe. Moje sopstvo je iščezlo, jednostavno nestalo. Nisam znao ko sam, šta radim, zbog čega se nalazim baš tu, na tom svetom mestu, u srcu Katmandua. Na mahove sam pomislio da ću zbog svega što mi se upravo događa biti duboko povređen, ali se na to ipak nisam obazirao...

U drugom momentu, osetio sam sebe kao jedinstveno biće, jedinstvo svih živih bića koja obitavaju na području gde se nalazim. Sebe i ljude koji su preplavili terase oko hrama video sam kao jedinku, jedinstven organizam. Ovaj organizam imao je svoje elemente: glavu, ekstremitete, torzo i delovao je na osnovu zajedničke volje svih jedinki prisutnih u njemu. U jedinstvenoj telesnoj i duhovnoj zajednici sa grupama tamnoputih hodočasnika koji su došli na Maha Šivaratri iz Indije i lokalnih pripadnika naroda Četri, Bahuna (nepalskih Bramana) i Nevari, osetio sam blisko prisustvo, fizičko i duhovno prožimanje sa njima, ali i sa svim drugim bićima koja su živela ili su se makar samo zadesila ove noći u području Pašupatinata. Postao sam svestan prisustva mnoštva životinja i insekata na ovom prostoru. Tu sam video mnoge životinjske vrste: majmune, krave, slonove, zmije, pacove, ptice, bube raznih vrsta i veličina, bubašvabe, stenice, crve. Svi mi zajedno: ljudi, životinje, insekti, bili smo jedno, jedinstveno telo koje treperi, vibrira na nekim svojim neobičnim talasima. Postavši deo tog zajedničkog organizma, svojevrsnog izdvojenog živog sistema, bilo mi je jasno da, ukoliko ovaj organizam koji je sastavljen iz različitih vrsta živih bića želi da preživi, treba da upotrebi sve svoje poznate i nepoznate resurse. Na primer, ako jedna vrsta ima dovoljno hrane, a druga je nema, treba da joj ustupi deo onoga što ima. Takođe, ako je neka živa vrsta ugrožena od bolesti ili druge katastrofe, neophodno je priteći joj u pomoć i spasti je. I, ako bi svi funkcioisali na ovom uzoru, nikada ne bi postojala potreba za silom, vojskom, državom jake ruke i snažne vladavine. Cela Zemlja ponovo bi postala jedinstven organizam, dovoljno snažan i moćan da opstane u buri ciklusa razaranja i ponovnog nastajanja Univerzuma.

Nadalje, shvatio sam da je spoznaja osnova Univerzuma, suštine svih bića, živih i neživih, njihova jedina šansa da opstanu. A to je moguće samo ukoliko svi mi preuzmemo punu kontrolu nad sobom, postanemo svesni svoje unutrašnje, iskonske božanske prirode i ako se, na kraju, ponašamo u skladu sa njom - kao bogovi. Ali, i kada imamo saznanje da smo u suštini svoga bića bogovi, makar i mali bogovi, jer smo potekli od božanske prakreacije, ovo saznanje ne treba da nas odvede u misao o našoj izdvojenosti iz svemira. Jer mi, iako bogovi u malom, i dalje smo samo mikronska zrnca kosmičke prašine, milenijumima godina stare, koja su slučajno ili namerno pala na ovo zrno u moru peska koje danas nazivamo Zemljom. Istovemeno, mi smo kosmosi u malom, zilioni galaksija koje se vrte i ključaju unutar svakog među našim najmanjim atomima i subatomskim česticama.

Preplavila me je još jedna emocija. Bio je to osećaj sebe kao jedinke, male, same i krajnje povredljive jedinke, uplašene da živi ovaj kratki, mali, nepredvidljivi život. Ovaj strah je ustupao mesto drugom, možda još većem, strahu od večnog života. Misao da sam večan, da u tom pogledu ne mogu ništa da promenim, niti da pobegnem iz karusela večnosti, ulivala mi je neverovatno nespokojstvo. Bio je to onaj osećaj kao kada u snu bežiš od progonitelja, a nemaš snage da pobegneš, niti te progonitelji sustižu. Jedino što ti preostaje jeste da se panično opireš situaciji u kojoj se nalaziš, iako si svestan da nemaš snage da iz nje izađeš.

Ali, u konačnom, strah svake vrste kod mene je na kraju nestajao i ja sam se uzdizao sve više i više u vrtlogu koji me je sve brže pokretao, nosio, vejao, razvejavao na sve strane. U toj buri moje telo je pretvoreno u najsitniji prah, tanana zrna najfinije prašine koju su vetrovi sa planina nosili u stratosferu i dalje, sve do hladnih i mračnih granica sa kosmosom. Istovremeno, svaka trunka te telesne prašine sadržala je milione malih, sićušnih galaksija, koje su bile kosmička prostranstva, daleka i nedostupna i sadržala na milione i milione zvezda, zvezdanih sistema, pustih i naseljenih planeta...

... Pomislivši u jednom trenutku da umirem, pre-
pustio sam se nevidljivim silama koje su se igrale
sa mnom. Tonuo sam i uzdizao se u vrtlogu koji je
besneo oko mene. Postepeno, slike u mojoj glavi su
nestajale, zvukovi su se gasili, a ja sam postajao sve
više i više miran, nepokretan, hladan i isključen iz
stvarnosti koja me je okruživala...

***

Našao sam se u tami. Mrak je bio svuda oko
mene. Nisam mogao da odredim šta se nalazi iznad,
ispod, ispred ili iza mene. Tumarao sam po praznini
u kojoj sam se nalazio, sâm. Ta praznina ispunjena
tamom bacala me je na sve strane. Nisam imao ide-
ju o tome gde se nalazim, kako izgledam i na koji
način sam tu dospeo. Mrak je postajao sve dublji i
dublji. Tama je počela da me pritiska. Osećao sam da
se moje telo lomi pred tamom praznine i ništavila.
Nisam imao snage, volje, niti moći da se oduprem
stanju u kojem sam se nalazio. Potpuno sam obamro.

***

U jednom momentu, kao da sam u dubini
tame primetio trag svetlosti. U daljini, ispred mene,
nalazila se mala, jedva vidljiva svetla tačka, udalje-
na možda hiljadama svetlosnih godina. Kao da je
menjala intenzitet svetla. Uperio sam pogled prema
ovoj maloj beloj tački. U tom trenutku znao sam, bio
sam siguran da nisam sam. Negde u daljini, toliko
daleko da nisam mogao ni da shvatim koliko iznosi
ta udaljenost, postojao je još neko. Iako nisam znao
ko, ovo osećanje mi je prijalo...

To malo, udaljeno svetlo postepeno je počelo da pulsira. Prvo polako, a kasnije sve snažnije i snažnije. Zatim je počelo da se povećava, kao da mi se približavalo neverovatnom brzinom. Smenjivale su se godine, vekovi, milenijumi, vigintilioni, centilioni i gugoli. Znao sam da dospevam do samog kraja, ili, ne, do samog početka, do trenutka kada je Univerzum uništen i kada je iz njegovog praha stvoren nov.

I u tom, neverovatnom trenutku kreacije, božanske eksplozije Univerzuma, jasno sam video galaksije, sisteme galaksija, svetove, milione planeta kako se rasprskavaju u neverovatnoj belini svetlosti, milione vatri koje gore, proždirući pred sobom svetove. Gledao sam u crne rupe, kosmičku prašinu, svetlosne zrake koji paraju kosmosom obasjavajući njegove najmračnije prostore.

Odjednom, našao sam se licem u lice, ni sa kim drugim, nego Njim, Velikim Odmetnikom, Bogom nad Bogovima - Gospodom Šivom. Stajao je preda mnom, u svojoj punoj snazi i veličini. Gledao me je dubokim, prodornim očima, a na čelu mu je bilo otvoreno njegovo čuveno Treće oko. Zmija koja je obuhvatala njegov vrat polako se pomerala, a iz pramenova kose blistao je oštar srp Lune. Sedeo je u lotosovoj pozi, sa rukama sklopljenim u krilu. U jednom trenutku, dohvatio je svoju trišulu (trozubac) i upro je u moje grudi.

Tada je uzviknuo:

„Pevaj!"

Iz grla su mi se oteli tonovi i reči mantre:

Kada svi brojevi plivaju zajedno,
I sve senke se smire,
Kada sva vrata nasilno otvorena
Ponovo zatvore se,
Venerina muholovka i latica,

Moje oči gore i kandže jure da ih izbodu.
I ujutro posle noći,
Zaljubljujem se u svetlost.
Tako je bistro i shvatam
Da ovde, najzad, imam svoje oči.

Kada svi zvuci uminu,
Meka koža počne da se bora,
Kada snovi učine
Da stvarnost postane manje slatka,
Orhideja i metal,

Moj pol se menja
I kandže hitaju da raskomadaju sve.
Ali, ujtro nakon noći
Zaljubljujem se u svetlost.
Tako je čista
I ja ne mogu ponovo da ustanem
Bez straha od skrivenih laži.

Kada svi likovi poprime konačne oblike,
I svi Meseci se umire,
Kada svi duhovi budu spaljeni u laži
Kao žarište tuge, putem čelika,

Moje oči gore i kandže jure da ih izbodu.
Ali, ujutro posle noći
Zaljubljujem se u svetlost.
Tako je čista
I ja shvatam
Da sada, napokon,
Imam svoje oči.

***

ŠIVA VISAKANTA

Prema hinduističkoj mitologiji, kada su deve (bogovi) i asure (demoni) uzburkali Mlečni Okean da bi iz njega dobili Amritu, nektar besmrtnosti, u ovom događaju stvoreno je četrnaest ratni - dragih kamenova, koje su izneli bogovi nakon što bi demoni pokušali da ih prevare. Međutim, pre nego što su dobili Amritu, iz okeana je izašla Halahala, naopasniji i najsmrtonosniji otrov u Univerzumu. Otrov je počeo da ubija obadve strane. Pošto niko nije mogao da se nosi sa otrovnim isparenjima Halahale, deve i asure su počele da se guše. Otrčali su Brami po pomoć, a on ih je uputio prema Višnuu. Višnu im je savetovao da jedini spas mogu da potraže kod Šive. I tako su obe strane otišle na planinu Kailaš gde su molili Gospoda Šivu za pomoć. Šiva je odlučio da im pomogne i uništi otrov, tako što ga je sam progutao. Njegova supruga Parvati, usplahirena, zaustavila je otrov pošto je rukama stisnula Šivino grlo. Nakon ovog događaja, Šiva je nazvan imenom Visakanta, koje ima značenje „Onaj koji je držao otrov u grlu". Šivu je kasnije spasla Mahavidja (Tara), takođe jedna forma Parvati. Ovaj otrov je načinio da Šivino grlo poplavi, zbog čega je dobio ime Nilakanta - Onaj sa plavim grlom.

Iz ove priče, nastala je poslovica koja glasi: „Pre nego što neko dobije Amrit, mora da popije otrov." Uopšteno, ova poslovica se upotrebljava sa značenjem da pre nego što neko postane uspešan, mora da se suoči sa mnogim nedaćama u životu.

Priča takođe uči da treba imati dobru kontrolu nad svojim govorom koji dolazi iz grla. Ta kontrola se, međutim, može ostvariti samo kada se Mesec mudrosti i Gang znanja nalaze u našem umu. Gospod Šiva je zadržao Mesec i Gang u centru misli i ostao budan i pribran. Zato, pažljivo koristite svoju mudrost i znanje da kotrolišete svoje misli i govor i izbegnete sukobe.

**

JUTRO NA GATU

Iz sna su me probudili zraci sunca obasjavajući moje lice. Osetio sam snažni nalet svetlosti i toplote koja je prožimala moje telo, zbog čega sam prekinuo dubok, noćni san. Pridigao sam se na laktove i pogledao oko sebe. Ležao sam na gatu na obali reke Bagmati, nedaleko od ulaza u hram Pašupatinat. Dole, ispod gata, tekla je ova sveta nepalska reka. U reci sam ugledao nekoliko krava koje su zagazile u dubinu i hladeći se u vodi, prebirale ostatke hrane koji su plutali po površini nakon jutarnje puđe. Na potpornom zidu pored mene sedela je grupa malih majmuna koji su me ćutke posmatrali. Okolo nas nije bilo ljudi.

„Mora da sam noćas zaspao na ovom mestu", pomislio sam, „ali mi nije jasno kako sam dospeo iz hrama ovde, na gat. Poslednje čega se sećam je da sam ušao u nekakvu, tamnu i hladnu prostoriju i da sam tamo ostao neko vreme. Ostalog se ne sećam."

A onda sam primetio na svom vratu ogrlicu rudrakše. Ovo seme eleokarpusa sa himalajskog područja u kojem teče reka Gang, čije ime ima značenje „Šivinih suza", nosi se nanizano na tanku svilenu nit kao ogrlica. Za Šivinu rudrakšu veruje se da osvetljava dušu i donosi izvanrednu svest, omogućuje koncentraciju i promene mentalne strukture onoga koji je nosi, specifične za odricanje od svega svetovnog.

Prstima sam opipavao pojedinačne kuglice nanizane u mojoj ogrlici. Osetio sam njihovu hrapavu površinu, a to osećanje mi je ulivalo mir i povratilo snagu.

Sa obale reke, do mene je dopro neobičan, jak i opor miris. Okrenuo sam se prema njegovom izvoru. Video sam malu grupu ljudi koja se lagalo primicala mestu na kojem sam sedeo. Ispred njih, išao je hinduistički sveštenik noseći ćup u kojem je gorelo sandalovo drvo. Iz ćupa se širio mirišljavi dim koji je obavijao gat na kojem sam se nalazio. Iza sveštenika, muškarci su rukama prenosili nosila na kojima je ležala stara ženska osoba. Shvativši da se radi o povorci koja je ispraćala pokojnicu, ustao sam i napravio im mesto za prolaz.

Posmatrao sam tihu povorku. Nekoliko mladih, krhkih muškaraca smestili su nosila na uzdignutu platformu gata, na vrhu stepeništa, na obali reke. Kada sam bolje pogledao, primetio sam da je starica koju su doneli, još uvek živa. Ali, iako je lagano, jedva primetno disala, bilo je jasno da je od samrtničkog ropca deli kratak vremenski period i da svakog časa može da premine. Starica je bila odevena u zlatnožutu odeću, bogato izvezenu i ukrašenu, sa predivnim skupim nakitom oko vrata, narukvicama oko gležnjeva na šakama i stopalama, a iznad nje, na četiri vertikalno pobijena štapa, podignut je imrovizovani baldahin, ukrašen tkaninama boje šafrana i girlandama od narandžastog i žutog nevena.

Nosila sa staricom su postavili na kosu rampu podignutu na donjem delu stepeništa, neposredno pored vode. Njene noge su spustili u reku. Dok su čekali da nastupi samrtnički ropac pokojnice, najbliži članovi njene porodice su čučali povrh stepeništa. Jedna mlada devojka, uplakana, sedela je pored umirućeg tela, posmatrala lice i povremeno terala mušice koje su sletale na njega. Voda je tekla preko staričinih stopala.

Posle kratkog vremena, shvatio sam da je stara žena konačno preminula. Njeni najbliži rođaci su prišli pokojnici i iz vrča joj sipali u usta vodu sa reke Bagmati. Potom su nosilima sa njenim telom koje je i dalje ležalo na kosoj rampi prišla trojica hinduističkih sveštenika odevenih u bele ogrtače i počeli obred nad pokojnicom. Porodica je potom ponela telo pokojnice prema hramu, unela ga unutra, upriličivši na taj način njenu konačnu posetu ovom svetom mestu. Nakon izvršenog obreda u unutrašnjosti hrama Pašupatinat, preminulu staricu su sa poštovanjem razodenuli. A onda su izvršili abisegam, „sveto kupanje", odnosno, ritualno pranje preminule. Njeno telo su postavili glavom prema jugu i oprali ga tečnošću koja se sastoji od mešavine jakovog mleka, jogurta, gija (topljenog putera od jaka) i meda.

Hinduistički sveštenici su lagano spustili odeću pokojnice sa obale u vodu i pustili je niz reku. Zajedno sa odećom koja je plutala niz površinu vode, sveštenici su ušli u rečnu maticu i u njoj ostali neko vreme u ritualu „svetog kupanja". Posmatrao sam kako predivno ukrašene haljine plivaju u reci i polako tonu, nestajući među kravama koje su se nizvodno od nas osvežavale od vreline sunca u hladnoj vodi. Na stepeništu pored mene, sedela je grupa majmuna i ćutke posmatrala ovaj događaj.

Pokojnicu su potom umotali u belo platno, boju koja pokazuje da se radi o udovici. Samo su glava i stopala ostale nepokrivene. Njene šake su sklopili u molitveni položaj, a nožne palčeve su međusobno vezali koncem. Na čelu su joj obojili tilaku.

Na platformi iznad reke muškarci su postavili redove drveta himalajskog bora i kedra, načinivši četvrtastu lomaču gde će ubrzo biti spaljeno telo pokojnice. Muški predstavnici porodice pokojnice su zatim preuzeli nosila sa telom i izneli ih pred platformu na kojoj je postavljena lomača. Zajedno sa nosilima, obišli su oko platforme tri puta, u smeru kazaljke na satu. Nakon toga su postavili telo na lomaču, tako da je glava pokojnice bila pokrivena drvetom, ali su njena stopala virila izvan prostora lomače. Preko tela, postavili su još nekoliko redova drveta. A zatim su preko svega posuli narandžaste i žute latice nevena, žito, mleko, ulje.

Po tradiciji i verskom običaju, najstariji sin je obišao nekoliko puta okolo lomače. A onda je zapalio vatru, neposredno pored usta pokojnice, što je vrlo bitno, jer se u hinduizmu veruje da se duh umrlog oslobađa kroz usta. U trenutku paljenja lomače, telo je prekriveno masom od vlažne slame koja proizvodi plašt belog dima. Dim štiti telo od pogleda tokom početka procesa kremacije. Vrlo brzo, vatra se proširila na celu lomaču.

**

112

Ustao sam sa stepenica i prišao vatrenom prizoru. Na licu sam osetio snažan udar toplote. Posmatrao sam glavu pokojnice koju je gutala vatra. Sa njenog lica je nestajala koža, a otkrivala se bela lobanja na kojoj su svetlucali zubi.

Porodica pokojnice je sedela na tlu, dovoljno udaljena od vatre da bude zaštićena od prevelike jare. Majmuni su mirno sedeli nedaleko od lomače, gledajući prizor pred sobom. U tišini, posmatrali su ljude okupljene na gatu.

***

Odjednom, sunce nad nama zaklonio je mali, tamnosivi oblak. Neočekivano, iz njega je počela da pada kiša. Sitne kišne kapi svetlucale su i nestajale u vazduhu, čak i pre nego što bi pale na zemlju. Ova retka pojava u ovo doba godine je prijala. Kiša je donela dah svežine u ovom toplom danu. Trajala je vrlo kratko, ali je bila dovoljna da očisti vazduh od dima i prašine.

***

Zažmurio sam i u tišini ovog svetog događaja razmišljao o smrti. Prema vedskim verovanjima, kada bića umiru, njihove otelovljene duše odlaze u nebo predaka. Nakon što iscrpe svoje karme, padaju sa nebesa na zemlju u vidu kiše. Iz zemlje ulaze u biljke kroz vodu kiše. Kada ljudi ove biljke jedu, oni se stapaju sa telima pokojnika, koji kroz vodu u hrani, postaju deo njihovog semena, sperme, što se u vedskim slikama simbolički smatra davanjem Vode

113

Života. Tako, kišnica sa neba postaje Voda Života (sperma) u ljudskom telu. Kao što boginja reka koje teku u slivu Gange, među kojima pripada i reka Bagmati, koristi telo Šive za svoju podršku, kišnica koja je postala Voda života, upotrebljava ljudsko telo za svoju podršku da bi se olakšalo rađanje, ili protok žive sile (gange ili prane) iz jednog tela u drugo.

***

Kiša je prestala da pada. Vatra lomače se već stišala, a ja sam osetio potrebu da se spustim niz stepenice i bos zagazim u reku. Hladna voda mi je prijala, a u pesku po kojem sam gazio primećivao sam i pod nogama osetio mnoštvo ostataka ljudskih kostiju. Naime, pepeo kremiranih tela na gatu posipan je u reku. Tokom stotina godina posipanja ostataka nakon kremiranja, dno reke se pretvorilo u peščanu masu načinjenu od pepela ljudskih kostiju. Pomešana sa silikatnim peskom sa Himalaja, ona je svetlucala pod mojim stopalima.

Zagrabio sam rukama pesak sa ostacima pepela ljudskih kostiju i pogledom uronuo u ovu svetlucavu masu. Pomislio sam: koliko samo ljudskih života, događanja, koliko hiljada, miliona ljudi držim u moje dve šake!

Ali, u čemu je razlika između smrti na Zapadu i ovde, na obali svete reke? Mnoge svetske kulture zakopavaju tela pokojnika. Ono što se zapravo dešava kada umreš jeste da tvoj mozak prestane da radi i tvoje telo truli, kao što se događa sa telom neke domaće životinje koju sahranimo u kraj dvorišnog vrta. Svi molekuli tog živog bića se razbijaju u neke druge molekule i odlaze u zemlju. Tu ih jedu crvi, a potom odlaze u biljke. I ako na tom mestu kopamo nakon deset godina, tu neće više biti ništa, osim kostura. A nakon hiljadu godina, čak će i taj skelet da nestane. Ali, to je u redu, jer je on postao delom cveća, drveća, kao što su na primer slonova jabuka ili rudrakša.

Međutim, ova starica koja je preminula na gatu iznad mene je kremirana, što znači, spaljena do pepela i dima. Pepeo je razvejan u reku Bagmati, kojom se najtananije čestice prenose sve dalje i dalje, niz obronke Himalaja, u najmoćniji rečni sistem Gange. Hinduisti koji vrše obred kupanja poznatom po nazivu Kumb Mela u svetoj reci Gangi u Varanasiju ili Haridvaru, na primer, u svoja tela unose molekule hiljada, čak miliona spaljenih hinduista na obali te reke ili neke druge reke iz ovog sistema voda. Dim sa lomače ispred hrama Pašupatinata prenosi se u vazduh, visoko iznad najviših vrhova Himalaja, odakle putuje dalje, stratosferom, do najzabitijih prostranstava na zemlji. Ovako shvaćeno, ljudski ostaci sa gata u Katmanduu mogu dospeti putem vetra daleko, a kišom mogu da padnu na neočekivana mesta, kao na primer, negde u Africi ili čak na Antarktiku. Ove čestice mogu, zamislimo, da padnu na plodno tlo Patagonije, a iz njih može da nikne neka šumska biljka. Nadalje, ovu biljku može da pojede jelen koji obitava u toj šumi. Nenadano, preminuli iz Indije ili Nepala, mogao bi da se nađe u živom biću jelena na Patagoniji. Gazeći sneg negde u Evropi, nismo svesni da dodirujemo čestice nekog hinduiste koji je spaljen na gatu reke Bagmati u Katmanduu. Ova činjenica nije nepoznata u istočnim verovanjima. Hinduisti i budisti duboko veruju u reinkarnaciju i potpuno su u pravu.

Zato, tibetanski budisti tela pokojnika odnose na planinske visove i tamo ih predaju orlovima kao hranu. Nakon što supovi pojedu svo meso, kostur se seče na sitne delove i meša sa pšeničnim brašnom, da bi supovi mogli da pojedu i njega. Na taj način, pokojnik dobija neverovatne mogućnosti da njegovi fizički ostaci, putem izmeta supova, budu preneti na najviša i najudaljenija mesta na vrhovima Himalaja. Ovo je možda najlepši i najdostojniji obred razvejavanja pokojnika koji je moguće zamisliti.

***

U jednom trenutku, osetio sam po sebi oblak prašine koji je padao sa visine ispunjavajući moju kosu i lepeći se za moje oznojeno telo. Na licu sam osetio oštar sivi prah. Pogledao sam iznad sebe. Sa platforme za kremiranje, razvejavali su pepeo i ljudske ostatke u reku, a oni su padali direktno po meni. Podigao sam ruke i okrenuo se prema gatu. Nisam pokušavao da sperem pepeo sa lica i tela. Naprotiv, izlagao sam se sve većem oblaku nadolazećeg ljudskog praha. Pored mene, posute pepelom, krave su mirno stajale u vodi, prebirajući po žrtvenim darovima pudže, cvetnim laticama, voću i lišću spuštenim u reku.

***

Kada sam izašao iz vode, na licima okupljenih sadua video sam osmeh i poštovanje. Jedan među njima mi je prišao. U šaku je uzeo pepeo sa lomače koja se još uvek pušila i njime obložio moje čelo. A zatim je na njemu ispisao tilaku u obliku tri horizontalne trake iscrtane pepelom i jedne vertikalne, crvene.

Zapitao sam sadua za značenje ovih traka, a on mi je odgovorio:

„Prva linija označava Garhapatju, sveti žar, početak „A" svetog sloga Aum - Om, Rađas gunu, zemlju, spoljno sopstvo, kriju - moć akcije, Rigvedu, jutarnje izlaženje Some i Mahešvaru...

...Druga linija pepela je podsetnik na dakšinagni, svetu vatru upaljenu na jugu za pretke, zvuk „U" u slogu Om - Aum, Satva gunu, atmosferu, unutrašnje sopstvo, Iču - snagu volje, Jajurvedu, podnevni izlazak Some i Sadašivu...

...Treća linija je ahavanija, vatra koja se koristi za Homu - ritual prinošenja darova vatri, „M" u svetom slogu Om, Tamas gunu, Svargu - nebeski svod, Paramatman - najviše sopstvo (krajnja stvarnost Bramana), đnanu - moć znanja, Samavedu, izlazak Some u sumrak, i Šivu."

Zajedno sa saduom, prišao sam kamenom platou na kojem je donedavno gorela vatra. Pepeo je bio rasut u reku, ali su ostali sačuvani ostaci stopala pokojnice. A onda sam prisustvovao neobičnom događaju. Sadu u čijem sam se društvu nenadano našao, pristupio je platformi, sagao se i sa poda uzeo preostali nesagoreli deo stopala kremirane starice. Pogledao ga je izbliza i počeo da jede!

Osećao sam mučninu već posle jutra provedenog uz umiruću osobu, a potom i pored lomače, gde sam posmatrao kako se ljudsko telo prži i u vatri pretvara u dim i pepeo. Potom sam bio zasut pepelom kremirane osobe u reci kojom sam bos gazio po pesku sačinjenom od čestica hiljada, desetina hiljada, možda i miliona kremiranih ljudi na ovom mestu. Ali, sada mi je ovakvo ljudožderstvo kojem prisustvujem bilo vrhunac, koji nisam očekivao.

Ovaj stari sadu izboranog lica, sa dugom bradom i pepelom zasutom kosom upletenom u bičeve, ponudio mi je parče ljudskog mesa, rečima:

„Probaj, ovo ti je potrebno! A potrebno je i za preminulog, da njegovo telo prođe kroz tvoje, kako bi reinkarnacija bila uspešno izvršena.“

Pogledao sam starca i upitao:

„Ti si agori, šaivistički sadu?“

„Da. Ja sam šaivistički agori. Mi smo uključeni u posmrtne rutuale. Ja živim u mrtvačnici koja se nalazi nedaleko odavde, svakodnevni sam svedok kremacija i razastiranja pepela kremiranih u reku Bagmati. Ja pepelom kremiranih pokrivam svoje telo i trljam ga u lice. Upotrebljavam ljudske lobanje da pravim kapale, zdele koje Šiva i druga hinduistička božanstva drže u rukama na slikama i skulpturama koje ih verno predstavljaju. Od ljudskih kostiju ja pravim nakit - ogrlice i mâle, brojanice. Iako se ovakvoj praksi mnogi Indusi protive, ona je tradicionalno prisutna, hiljadama godina. Ja posedujem i tajne moći izlečenja. Mogu ljude da oslobodim zlih demona, a takođe, mogu i da ih uništim. Moje moći su velike, jer potiču od mog boga, Šive."

„A kakve su tvoje veze sa Šivom?"

„Duša svakog čoveke jeste Šiva. Ali, ona je prekrivena astamahapašom - „osam velikih zamki ili okova", među kojima su:

Čulna zadovoljstva,

Bes,

Pohlepa,

Opsesije,

Strah,

Neznanje,

Diskriminacija

I mržnja.

U praksi, agori se koncentrišu oko uklanjanja ovih okova...

...Tako na primer, sadana - spiritualna praksa prevazilaženja ega - na mestima odvijanja kremacije uništava strah; seksualna praksa sa određenim učesnicima i njena kontrola pomažu oslobađanju od seksualne želje; biti nag uništava stid...

...Nakon oslobađanja svih osam okova, duša postaje sadašiva i dostiže mokšu."

119

„Šta je mokša?"

„Mokša je oslobođenje od samsare,
ciklusa umiranja i
ponovnog rađanja.

Mokša je oslobođenje od neznanja, samorea-
lizacija ili samo-znanje. To je centralni koncept hin-
duističke tradicije i uključena je kao jedan od četiri
aspekta i ciljeva ljudskog života..."

„A koji su ostali ciljevi ljudskog života?"

...Ostala tri cilja su:

Darma -
vrli, pravilni, moralni život,

Arta - materijalan prosperitet,
sigurnost dohotka, sredstava za život i

Kama - zadovoljstvo,
senzualnost,

Emocionalno ispunjenje.

Zajedno, ta četiri cilja života nazivaju se u
hinduizmu purusarta."

„Šta su osobine onoga koji dostiže mokšu?"

„Onaj koji je oslobođen, poseduje mnoge dobre osobine:

Ne smeta mu nepoštovanje njega samog
od strane drugih i
podnosi surove reči.
Nasuprot, prema drugima se odnosi
sa poštovanjem,
bez obzira kako ga oni tretiraju.

Kada se suoči sa besnom osobom,
ne uzvraća gnev,
već odgovara mekim i ljubaznim rečima.
Čak i ako je mučen,
govori i veruje u istinu.

Ne žudi za blagoslovom
niti očekuje pohvale od drugih.

Nikada ne povređuje niti nanosi štetu
bilo kojem drugom živom biću.
On deluje u dobrobit svih živih bića.

Njemu je ugodno kada je sam,
kao i u prisustvu drugih.
Njemu je prijatno da sedi
sa zdelom za hranu

pod drvetom,
u oronuloj odori,
bez ičije pomoći,
bilo da je u mituni - zajednici prosjaka,
grami - selu
ili nagari - gradu.

On ne brine da li nosi siku -
punđu kose na potiljku -
iz religioznih razloga,
niti svetu ogrlicu oko vrata.
Njemu je znanje vrhovno.
Za njega, znanje je sika,
znanje je sveta ogrlica,
sâmo znanje je vrhovno.
Spoljni izgled i rituali za njega nisu važni,
već je to sâmo znanje.

Za njega ne postoji pozivanje
niti otpuštanje božanstava,
ni mantra niti ne-mantra,
nema poklanjanja niti obožavanja
bogova, boginja ili predaka,
ne postoji ništa drugo osim sopstva.
On je skroman, visoko razvijenog duha,
bistrog i postojanog uma,
iskren, dobrodušan,
govori čvrsto, dobrim rečima.“

Agori mi ponovo pruži dobro ispečeno stopalo nedavno kremirane starice.

„Uzmi! Probaj!"

Iako sam decenijama vegetarijanac, ipak sam, sa velikom dozom nepoverenja, uzeo pečeno stopalo leša u ruke i stavio jedan njegov krajičak u usta. Osetio sam opori miris pečenog mesa koji je u sebi sadržao snagu otopljene smole himalajskog bora i slatkast ukus ljudskog mesa. Zadovoljio sam se tim što sam zadržao meso u svojim ustima nekoliko trenutaka, a onda sam ga ispljunuo.

Agori je tada uzeo parče ljudskog stopala sa poda i pozvao majmune koji su u grupi stajali pored nas i posmatrali šta se događa. Majmuni su mu prišli, a on im je dao ostatke ispečenog mesa. Kada su ga uzeli iz ruku agorija, majmuni su posedali na ivicu gata i ćutke, lagano, jeli.

Iznenađen, širom otvorenih očiju upitao sam agorija:

„Poštovani agori, da li je sada sve gotovo? Mislim, da li je ritual kremacije ovim završen?"

„Ne. Tek sada počinje ritual posthumne ceremonije, sadane."

Agorijev odgovor me je poprilično zbunio. Jer, očekivao sam da je najzad ovaj težak i za mene veoma mučan događaj ne gatu završen. U jednom trenutku, posumnjao sam u duhovnu ispravnost stavova koje mi je agori preneo. Pokušao sam da ga

123

isprovociram stavivši mu do znanja da duboko sumnjam u predstojeći ritual sadane koji on najavljuje, pa čak i u ono što sam nedavno neposredno doživeo.

Upitao sam ga:

„A, da li svi agori misle na isti način kao i ti, ili je ovo što sam sada čuo nešto jedinstveno i individualno vezano samo za tebe?"

„Gurui i učenici agorija veruju da je njihovo stanje iskonsko i univerzalno. Mi verujemo da su sva ljudska bića rođeni agori. Kada se rode, ljudske bebe u svim društvima žive bez diskriminacije. Sve one se, bez izuzetka, igraju kako u prljavštini koja je oko njih, tako i sa igračkama, u čistom okruženju. Deca postaju progresivno diskriminisana kasnije, tokom odrastanja, nakon što nauče kulturno specifične privrženosti i averzije neposredno od svojih roditelja i okoline u kojoj odrastaju. Deca postaju sve više svesna svoje smrtnosti, nakon što na primer, udare glavu ili padnu na zemlju. Oni počinju da se boje svoje smrtnosti, a zatim ovaj strah biva ublažen kada pronađu načine da ga, zajedno, poreknu...

U tom smislu, sadana agorija je proces zaboravljanja naučenih, duboko internalizovanih kulturnih modela. Kada ova sadana dobije oblik osnovne sadane povezane sa smrću, agori se suočava sa smrću već kao vrlo mlado dete, istovremeno meditirajući na sveukupnosti života zasnovanoj na njegova dva ekstrema. Ovo suočavanje sa smrću kasnije postaje nešto kao dnevna rutina. Agori žive na mestima kremacija, u posmrtnim kapelama, druguju sa dušama preminulih koje napuštaju njihova tela. Mešaju se sa umrlima, kako duhovno, tako i telesno, jedući njihovo preostalo tkivo. Ovaj idealan primer hanibalizma, kako to nazivaju na Zapadu, služi kao prototip za druge prakse agorija, kako leve tako i desne, u ritualu i u dnevnom životu..."

„Pored prakse iskustava umiranja, koje druge prakse postoje među agorima?"

„Agori takođe praktikuju lečenje. Ovu praksu sprovode putem pročišćenja, kroz koje prolaze i koje realizuju kod drugih ljudi. Pročišćenje predstavlja snažan stub rituala agorija. Nama se javljaju bolesni, kako psihički tako i fizički ugroženi ljudi, tražeći pomoć. Agori nikada ne odbijaju da pruže pomoć ugroženima. Nesebično je daju svima. Naši pacijenti veruju, a ja sam ubeđen, siguran, da su mnogi među agorima u stanju da prenesu zdravlje drugim ljudima, isto kao što mogu da ih oslobode zagađenja njihovih tela i umova. Ova praksa predstavlja oblik takozvanog „transformativnog lečenja", kod kojeg se postižu rezultati zahvaljujući verovanju njihovih pacijenata u superiorno stanje tela i uma agorija."

„A da li su zaista tvoj um i telo superiorni?"

„Svi mi smo sazdani iz iste materije - kosmičke prašine. I svi mi imamo jedinstvenog, zajedničkog prapretka - Boga. Kao potomci kosmosa i deca Šive, posedujemo neverovatnu snagu. Naše sposobnosti i mogućnosti su mnogim ljudima nezamislive. Jer, čovek upotrebljava samo mali, milioniti, ne, milijarditi deo svojih duhovnih potencijala. On sam je nosilac miliona kosmosa u sebi koji predstavljaju suštinu

Univerzma. A u njima je pohranjeno svo moguće znanje."

„A kako možemo da dođemo do takvih sposobnosti i tolikog znanja?"

„Potrebno je samo da pronađemo odgovarajuću „antenu" i da se „priključimo" na dobru frekvenciju. Tada ćemo spoznati da su naše duhovne sposobnosti praktično neograničene."

„A kako to misliš, da se „priključimo"?"

„Agori se „priključuju" vodeći specifičan život. Ovde na gatovima reke Bagmati, među hiljadama umrlih duša, sedeći u joga lotos pozi, zaboravivši na sve što bi moglo da te opterećuje: porodicu, poreklo, kastu, materijalna bogatstva, ljude, agori se okreće onom bezvremenskom, odnosno, svevremenskom i dotiče samog Boga, Gospodara među Gospodima, Stvaraoca i Uništitelja svetova, planetarnih sistema, celokupnog kosmosa, Gospoda Šivu."

„Imam utisak da si ti veoma učen čovek. da li tvoje znanje potiče iz knjiga, ili si ga naučio od učitelja - gurua?"

„Moje znanje je iskonsko, preneto iz klice božanskog saznanja. Ono se nalazi u meni odvajkada. Moji učitelji i gurui samo su prenosioci tog znanja, da kažem, nešto poput antena. Na primer, ako želimo da saznamo šta se događa u kosmosu, nama su potrebni jaki teleskopi. Za još jasnije saznanje, potrebno je da pošaljemo sondu u svemir, koja će nam preneti slike iz udaljenih vanzemaljskih predela. Jer, naše oči nisu stvorene da vide toliko daleko. E, u tom smislu postoje gurui i učitelji. Oni su naši transmiteri, nešto poput antena, teleskopa, pomoću kojih dobijamo sposobnost da vidimo ono što je golom oku običnog smrtnika nevidljivo."

„Deluješ mi kao veoma učen čovek. Ali, da li si ikada imao bilo kakav kontakt sa Zapadnom civilizacijom?"

„Ha, ha! Zapadna civilizacija?! Dobra ideja."

„Ideja?"

„Da, Interesantna je ta idea o Zapadnoj civilizaciji. Možda će jednog dana doći vreme i za to čudo?"

„Onda, svakako, tebi nije poznata civilizacija Zapada."

„Zaista, tako nešto mi nije poznato, ali Zapad mi je dobro poznat."

„A, gde si dobio informacije o Zapadu?"

„Dragi moj, ja živim i radim u tom, kako ti kažeš, Zapadu."

„Gde radiš?"

„Ja sam profesor na Kraljevskom koledžu u Londonu. Štaviše, ja sam šef Katedre za istočne studije tog fakulteta."

„Ne mogu da verujem."

„Moje brojne knjige možeš da pronađeš na internetu. Moje ime je poznato.“

„A ono je?“

„Šiv Prasad Šarma, profesor indijske religije i filozofije i potpredsednik Instituta za indijske studije Kings koledža u Londonu.“

Zapanjen, upitao sam agorija:

„Još uvek ne mogu da verujem. Ali, šta onda radiš ovde, na gatovima Pašupatinata?“

„Odgovor je jednostavan. Svake godine provodim najmanje tri meseca živeći kao agori. Na ovim i gatovima Gange, proveo sam proteklih četrdeset godina.“

„Ali zašto?“

„Potrebno je da pročistim svoje misli, dušu. Osećam potrebu da budem ovde, na ovom mestu, gde mogu upotpunosti da se približim svom Bogu. Šivi.“

„Ali, zar ne možeš da se približiš Šivi na nekom drugom mestu?“

„Ovo svetilište je jedno od samo nekoliko svetih mesta na kojima Šiva često boravi. Ali, potrebno je mnogo prakse agorija da bi se približio Šivi.“

„Da li ja mogu da se približim Šivi?“

„Svako može da se približi Šivi. Jer, svi mi

smo Šivina deca. On je naš začetnik, telesni i duhovni predvodnik. Šiva, to smo mi. A od nas samih zavisi da li ćemo biti sposobni da se približimo Šivi. Jer, biti blizak sa svojim Bogom, znači proniknuti u dubinu svoga bića. U svima nama je Šiva. On je deo nas, odnosno, mi smo deo njega.

***

„Da li ću moći da te posetim u Londonu?“

„Svakako. Javi mi se. Ili, još jednostavnije, dođi u Kings koledž i potraži Šiv Prasada. Tamo me svi znaju.“

***

A onda je agori iz pocepane platnene vreće koja je ležala nedaleko od nas, izvadio kalotu načinjenu odsecanjem gornje polovine ljudske lobanje. Sišao je do reke i njom zahvatio pepelom zamućenu rečnu vodu. Prineo je lobanju mojim ustima i rekao:

„Pij! Uzmi gutljaj ove Svete Vode!“

Na ovo sam ustuknuo i blago zadržao njegovu ruku u kojoj je držao zdelu načinjenu od ljudske lobanje.

Šiv je ponovio:

„Uzmi, slobodno popij, ne boj se.“

Ipak sam odlučio da ne pijem tu vodu. Napravivši grimasu gađenja, zatvorio sam oči i krenuo glavu u stranu.

A onda je agori prineo zdelu svojim ustima i naiskap ispio mutnu rečnu vodu.

„Vidiš? Ništa mi nije, niti će mi se bilo šta dogoditi. Ja ispijam tela i prenosim duše umrlih. One obitavaju u meni sve vreme dok ne pronađu novo telo u koje će da reinkarniraju. Da li znaš kakvog je ukusa ljudska duša?“

„Ne mogu ni da zamislim.“

„Ljudska duša ima bezbroj ukusa. Neka je slatka, druga je gorka, ali, sve one izazivaju snažnu reakciju onih koji se drznu da je probaju.“

„Čudan opis.“

Agori se nasmeja i pogleda me čvrstim, prodornim crnim očima. Zapita me:

„Da li si ikada probao ljudski mozak?“

„Naravno da nisam, niti ću ikada probati. A, baš me zanima kakvog je ukusa?“

„Ugalj. Izgoreo dotle da bude hrskav.“

„A, zašto...“

U tom trenutku, agori me pogleda sumanutim, ludačkim pogledom i prekide moje pitanje odlučnim rečima:

„Ako nastaviš da me i dalje zapitkuješ, odseći ću ti glavu. Vreme je da odeš odavde!“

Iznenađen ozbiljnošću agorijevog obraćanja

prema meni, shvatio sam da je vreme da pođem. Ćutke sam se podigao i krenuo, što dalje od njega i ovog neverovatnog mesta. Odlazeći, okrenuo sam se prema agoriju. Upirući prst prema meni, on se grohotom smejao.

***

Kada sam se vratio u svoj hotel u Tamelu, sunce je već zašlo za planinske vence iznad Katmandua. Otišao sam u svoju sobu na krovu stare, ruševne zgrade i seo na terasu.

Prijala mi je tišina. Na ulicama nije bilo saobraćaja. Retki stanovnici ovog grada, ulični prodavci i vlasnici malih turističkih radnji, spremali su se da pođu kući. Ubrzo, nastao je mrak, jer je isključeno električno napajanje u gradu.

„Nepal ima stalni problem sa električnom energijom", pomislio sam, „ali, bar isključuju struju noću, kada ljudi idu na počinak. Danju su isključenja samo povremena i traju po nekoliko sati."

Sa terase, posmatrao sam Katmandu koji je utonuo u mrak. U daljini, svetlele su pojedine građevine, koje su imale sopstvene generatore. Bilo je vreme za san.

***

Nekoliko dana nakon događaja u Pašupatinatu, odlazio sam u mali restoran „Treće oko" u nadi da ću tamo sresti mladića Naru. Imao sam mnogo toga da ga pitam, a i da mu ispričam. Sedeo bih za stolom pokraj ulaza i ispijao lokalno pivo od riže. Povremeno bih pogledao na ulicu ne bih li ga tamo ugledao. Međutim, mladić se nije pojavio.

***

Ubrzo, moj boravak u ovoj himalajskoj zemlji priveo sam kraju. Oprostio sam se od svojih budističkih prijatelja iz manastira i vratio se u svoju zemlju.

SOLZBERI

Odmah po povrtaku sa Nepala u svoj mali londonski apartman, u sebi sam osetio značajne promene. Više nisam bio previše odan svojoj muzici, niti sam uživao u društvu mojih prijatelja umetnika i ljubitelja dobrog zvuka. Moj posao u londonskom muzičkom studiju više mi nije predstavljao naročito zadovoljstvo, već mi je više ličio na svakodnevno „odrađivanje" nekakve obaveze koja me je opterećivala, ali je bila neophodna u mom životu, jedino iz egzistencijalnih razliga.

Ubrzo, odlučio sam da se iz Londona preselim u Solzberi, gradić udaljen od prestonice oko dva sata vožnje. U njemu sam imao mali potkrovni stan koji sam često koristio tokom leta. Ovaj grad me je oduvek privlačio. Bio je tih, miran, jednostavan. Tu sam se osećao komotno, opušteno, mogao sam da dišem punim plućima. I dok me je London sputavao svojom prenatrpanošću i haotičnošću, u Solzberiju sam mogao da se prepustim svojim mislima i radim u atmosferi koja mi je prijala. Nakon boravka na Nepalu bio mi je potreban duži odmor, a za to je ovaj gradić na reci Ejvon bio idealan.

Slobodno vreme u Solzberiju provodio sam šetajući susedovog psa - malu crnu patuljastu pudlu po imenu Klajd. Moja dnevna rutina sadržala je obavezne šetnje po okolini. Puštao sam Klajda da me vodi i gotovo slepo, pratio ga u stopu. Ponekad bi šetnje trajale satima. Izmoreni dugim hodom, vraćali bismo se kući kasno u noć. Ovi dnevni izleti sa mojim četvoronožnim prijateljem veoma su mi prijali. Iz dana u dan, osećao sam da se moje telo sve više regeneriše, a duša postaje spokojna.

***

Iako sam oduvek posebnu pažnju polagao na moju vegetarijansku ishranu, sada mi ona više nije bila toliko značajna. Iako sam i dalje bio vegetarijanac, danima bih jeo jedno te isto. Ujutro sam odlazio u pekaru u prizemlju kuće u kojoj sam živeo i kupovao kifle. Uvek u isto vreme. Čim bi me ugledala na vratima pekare, mlada prodavačica je iznosila pred mene bavarske kifle. Ja sam ih ćutke uzimao. Uvek sam u džepu imao spremljen tačan iznos novca, što je prodavačicu činilo zadovoljnom. Moji dnevni obroci sadržali su kifle sa džemom od pomorandže, jagode ili ananasa za doručak, a za ručak jeo bih kifle sa skuvanim smrznutim povrćem. I tako iz dana u dan.

Kada nisam komponovao muziku, provodio sam vreme čitajući knjige. Najviše su me zaokupljale one o indijskoj filozofiji i religiji, posebno o bogu Šivi. Šiva je postao moja opsesija. Ovo vrhovno hinduističko božanstvo prepoznavao sam svakodnevno: u mojim postupcima, predmetima kojima se služim, na ulici, u očima prijatelja ili neznanaca. Osećao sam ga bukvalno svuda i na svakom mestu. Šiva bi mi se smešio iz izloga prodavnice pored koje sam hodao, sa prozora gradskih autobusa, sa tornja katedrale. Zamišljao sam ga kako sedi nasred ulice u svojoj karakterstičnoj lotos pozi i smeška mi se. Video sam ga čak među decom kako se igra u gradskom parku.

Ponekad bih se noću budio iz sna, i tada bih nad sobom ugledao moćan lik Šive koji je lebdeo u lotos pozi. U prvo vreme, Šiva bi samo sedeo i posmatrao me. Tokom par meseci ovih „susreta", uspeo sam da ostvarim nekakav vid kontakta sa ovim superprirodnim bićem. Komunikacija među nama bila je bez glasa, zvukova ili reči, a zasnovana samo na nekoj vrsti energetskih vibracija koje su se prenosile između nas dvojice. Protokom vremena, uspeo sam da usavršim ovu komunikaciju do te mere da sam mogao da „čitam" misli svog Boga. U prvo vreme one su bile nejasne i nerazumljive. Međutim, polako sam spoznavao „ključ" putem kojeg sam mogao da saznam suštinu poruka koje mi je noću u snu prenosio moj Bog.

***

Moj život u Solzberiju odvijao se mirno, lagano, tiho, daleko od velegrada, novinara, presije.

***

Decenije su prošle kao tren, u radu, komponovanju, muzičkim projektima, koncertima. Iz Solzberija sam povremeno odlazio na godišnje turneje koje sam priređivao sa svojom muzičkom grupom. Na turnejama bih ostajao po sedam-osam meseci, a nakon svega vraćao sam se u moj mali Solzberi. Ovaj grad na reci Ejvon mi je prijao. U njemu nikada nisam bio sam. Tu mi je društvo pravio moj Bog - Šiva.

***

Jedne noći, dok sam spavao, osetio sam topao dah iznad svog uva. Nisam se probudio, ali, u polusnu sam video lik Šive koji je iznad mene sedeo u prepoznatljivoj lotos pozi jogina i posmatrao me. A onda sam čuo jasan glas koji je izgovarao mantru:

„Osam moćnih slonova nose Zemlju.
Ovi slonovi balansiraju
na leđima gigantske kornjače,
a kornjača stoji na svijenoj zmiji.
Kada se bilo koja među ovim životinjama
makar malo pomeri,
balans se naruši i Zemlja se zanjiše.
Tako, na primer, kada jedan među slonovima
postane iscrpljen,
spusti glavu i protrese je,
uzrokujući čudo na Zemlji.

U Nepalu, uskoro će se dogoditi čudo.

Pođi na Nepal!“

Nakon što sam čuo ovu poruku, probudio sam se iz sna. Nisam mogao više da zaspim. Dugo sam sedeo na krevetu i pokušavao da razaznam sadržaj i suštinu mantre. Bio sam ubeđen da je poruka koju sam primio stvarna jer sam je osetio veoma jasno, ali nisam imao saznanje o mogućoj vezi izmenju mene i nje. Dvoumio sam se. Jedan deo mene govorio je da je to samo još jedan san, dok je drugi deo bio uznemiren i požurivao me je u nameri da ispunim poziv Šive da otputujem na Nepal.

Ujutro sam seo za sto i spustio glavu na ruke, razmišljajući o noćašnjoj mantri. Bio sam uzbuđen, ali mi nije bilo jasno zbog čega.

Već odavno sam znao da, uvek kada pomislim na Gospoda Šivu, u mojoj svesti se razviju dva osnovna aspekta koji se odnose na ovog Boga. Jedan je njegovo sveprisustvo u svemu, pa i onom što me okružuje, a drugi je njegovo odsustvo iz svega, iz razloga što je njegova suština sadržana u nepostojanju. Iz ovog dualiteta, proisticali su i svi moji zaključci o Njemu: Šiva je prisutan, kao što to nije. Čak i sâmo ime Šiva doslovno znači „Ono što nije". Iz ovog dualiteta, mogao sam da zaključim da je svaka Šivina poruka koju bi poslao ili uputio, istovremeno i antiporuka, saznanje o nepostojanju nečega, neke informacije, i kao takva, možda nema preveliki znača, za bilo koga...

...Jer, savremena nauka je dokazala da nam sve dolazi ni iz čega i vraća se ni u šta. Osnova postojanja i osnovni kvalitet kosmosa je ogromno ništavilo. Galaksije su samo mali događaji - malene trunke u moru peska. Sve ostalo je ogroman prazan prostor koji se odnosi na Šivu. To je materica iz koje je sve rođeno i to je zaborav u koji se sve usisava nazad.

Sve dolazi iz Šive i vraća se u Šivu...

***

Na kraju sam prelomio. Poći ću na Nepal, već sutradan."

***

ŠIVA RUŠITELJ

Proleće je u Nepalu najlepše godišnje doba. A poslednja nedelja aprila 2015, kada sam otputovao u Katmandu, tamo je bila veoma prijatna, iako sa velikim temperaturnim oscilacijama između dana i noći.

Po sletanju na aerodrom Tribuvan u meni dragom gradu Katmanduu, nisam se osećao umorno niti su vremenske promene uticale na mene. Došavši iz hladne i kišovite Engleske u kojoj je još uvek trajala zima, prepustio sam se lepom vremenu.

Odseo sam u malom hotelu „Vađra" u Tamelu, istom onom u kojem sam pre više od dve decenije proveo predivne dane. Na ulazu, dočekao me je vlasnik hotela. Nekada mladić, sada je preda mnom stajao stari, sredovečni čovek, izboranog lica, ali još uvek bistrih očiju i radosnog pogleda.

Odmah po dolasku, istog dana posetio sam budistički manastir u kojem sam proveo tri predivna meseca i evocirao uspomene na druženje sa decom - monasima.

U odnosu na davni period tokom kojeg sam boravio u ovom manastiru kao volonter, primetio sam brojne i značajne razlike. Danas više to nije bio mali, građevinski sklepan i nedovršen manastir, već prostrani, veliki kompleks građevina koji je primao više stotina budističkih monaha. Pokušao sam da pronađem ljude koje sam nekada poznavao i sa kojima sam zajedno volontirao na Bodnat stupi, ali nisam uspeo da pronađem nijednog od njih.

***

Sutradan, rano ujutro, uputio sam se u hram Pašupatinat. Ušao sam na stepenišima i terasama izdvojeno područje hrama i spustio se na obalu reke Bagmati. Čini mi se da sam pronašao baš onaj gat na kojem sam nekada ispratio preminulu staricu, posmatrao njenu kremaciju i upoznao čudnog agorija.

Seo sam na kameno stepenište i sklopio oči.

Svuda oko mene osećao sam miris nevena pomešan sa mirisima različitih tamjana koji su se širili po okolini sa zapaljenih agarbatija - mirisnih štapića. Moje izvežbano čulo mirisa moglo je da prepozna i razlikuje dim nastao paljenjem sandalovog, alojinog, kedrovog drveta ili kineskog cimenta.

***

Za većinu Nepalaca hinduističke vere, kao i za Induse, mirisni tamjani su i danas deo važnog svakodnevnog rituala pođe, verske ponude koji vrše hinduisti njihovim božanstvima. Ovu pođu obavljaju naročito na početku nekog novog životnog poduhvata, često povodom svakodnevnog otvaranja radnje, na primer na lokalnoj pijaci, ili u znak sećanja na neku posebnu priliku. Vid rituala poznat kao dupa podrazumeva nuđenje tamjana pred slikom božanstva, u znak poštovanja. Za dim iz mirisnog štapića ili iz kuglice stišnjenog mirisnog tamjana veruje se da tera demone i čisti okolni vazduh.

Jedan sadu hinduista redovno kadi prostor na ovaj način, što se smatra dobrim gestom prema Agni, bogu vatre. Za sadua, svet oko nas je živo biće. To biće se svakodnevno ispoljava putem nevidljivih sila. Ove sile moraju biti stalno umilostivljene ponudama i ritualima čišćenja. U hinduizmu, sveta ognjišta zvana duni, vrše istu funkciju kao i mirisni tamjani, samo u većoj meri, sa ciljem pretvaranja čvrste materije u etar.

Paljenje tamjana je, dakle, podsetnik na svetu moć vatre da transformiše sve oko sebe. Ona je krajnji put svih fizičkih materija prema duhu. I zato je sama, sveta.

***

Izvadio sam iz torbe kuglicu stišnjenog sandalovog drveta i zapalio je ispred kapele pored ulaza u hram. Stao sam i posmatrao pramenove dima kako se uspinju uvis.

Potom sam skrenuo pogled na susedan niz malih molitvenih kapela. Pošao sam duž ovih kamenih građevina skromnih dimenzija. Zaustavio sam se ispred jednog crnog kamenog lingama posutog narandžastim laticama nevena. Posmatrao sam starca, sadua duge kose upletene u biševe i duge zamršene brade, ogrnutog narandžastom tkaninom, kao vrši obred puđe sipajući vodu na vrh lingama i posipajući ga laticama cveća. Starac je sklopio ruke i usmerio

141

pogled prema lingamu. A tada, ugledao sam jedan neobičan, ali meni dobro poznat predmet. Na podu kapele, u samom uglu male prostorije, ležala je stara knjiga. Na koricama, izbledelim od vremena, mogao sam da razaznam njen naslov:

„Knjiga Arana.“

Nakon što sam strpljivo sačekao sadua da obavi ceremoniju jutarnje puđe, prišao sam mu, lagano, da ne remetim njegovu molitvu. Upitao sam ga tihim, ali jasnim glasom:

„Poštovani, sveti starče, da li mi možete reći nešto o ovoj knjizi koja leži pored Vas, na podu?“

Starac se okrenuo prema meni. Njegove crne upale oči bile su i dalje bistre, a pogled je bio blag, mio, ali odlučan. U tom trenutku, shvatio sam da pred sobom nemam starca, već čoveka koji je mnogo mlađi od mene. Seda, umršena kosa upletena u duge bičeve, siva od pepela kojim je danima posipana i duga pepeljasta brada odavali su utisak da je sadu mnogo stariji nego što u stvari jeste. Na čelu mu se sjajio znak Šive: tri zlatne horizontalne linije i jedna vertikana crvena, koja je simbolizovala Šivino treće oko. Sadu mi se obrati:

„Gospodine, to je „Knjiga Arana“, malo poznata i retka knjiga.“

„A o čemu je ta knjiga?“

„To je knjiga o Univerzumu.“

„Šta ona sadrži?“

„Ova knjiga sadrži jednu veliku zagonetku.“

„A kakva je to zagonetka?“

Sadu me pogleda čvrstim pogledom i upre svoj tanki prst prema meni. Tada reče:

„Duga je to priča, stranče...“

„Ali, ipak, da li možete da mi je ispričate?“

„U redu. Sedite, ovde, pored mene.“

Kada sam se spustio na kameni pod, osetio sam energiju ovog sadua koja me je prožimala kroz celo moje telo. Podigao sam glavu i pogledao ga pravo u oči. Sadu je nastavio:

„Radi se o jami - tamnoj rupi koja se nalazi na obali svete reke Gange, nedaleko od velikog, hiljadugodišnjeg drveta rudrakše...

Ova jama je duboka i tamna.
Ona nema dno
I nemoguće je spustiti se u nju.
Oko jame svakodnevno,
Svakog časa,
Stotinama, hiljadama godina
Obilazi jedan starac po imenu Aran.
Klanja joj se i recituje mantre.
U velu noći, njegov um je svetionik

143

Koji zrači svetlost
Obasjavajući obale Ganga.
Njegove reči su putokaz
Prema dobroti
I sadrže izlaz iz zla,
Za makoga ko od njega zatraži pomoć."

Roberto prekide sadua:

„Mislim da znam sadržaj ove mantre. A on glasi:
Na brežuljku iznad ove jame
Peva crni kos
Svoju najlepšu pesmu...
Odgovarajući na poziv divljine.
Ova mala ptica,
Kao i ti,
Dragi moj Naro,
Dete je mudraca,
A na ljudima je da to primete,

Otkriju..."

Čuvši ove reči mantre, sadu se pokloni Robertu, a zatim pade ničice na tlo.

Roberto ga podiže sa tla i reče:

„Poštovani Naro, drago mi je da sam te pronašao, ovde na Šivinom svetom mestu, ispred hrama Pašupatinat! Još mi je draže da te vidim dobrog i zdravog!"

Nara odgovori:

„Prošle su decenije, a ja sam neprestano mislio o tebi, Roberto. One noći, kada smo se rastali u dvorištu hrama, ti si naprosto nestao. U prvi mah pomislio sam da si negde pao pod opojnim dejstvom bhanga kojeg smo pili i pokušao sam da te pronađem. Međutim, vrlo brzo sam se i ja sam prepustio opojnoj moći bhanga. Tu noć proveo sam igrajući i pevajući, zapravo, ne mogu sa sigurnošću opisati u kakvom sam stanju bio te noći, jer se naprosto, ne sećam!"

Roberto položi obe ruke na Narina ramena.

„Ali, Naro, da li si ti proteklih nekoliko decenija putovao, ili si ostao vezan za ovo sveto mesto?"

„Pronašao sam svoje utočište - ovu malu kapelu, u stvari mrtvačnicu i tu sam se smestio. Ovo je moj dom, moja kuća, moja šuma i moj kosmos. Decenijama ja ovde meditiram, vršim obrede puđe i aartija paleći svetu vatru - prinosim darove Šivi, pevam mu mantre i obavljam sadane..."

Nara prstom pokaza prema crnom granitnom lingamu i reče:

„Ovaj kamen je moj život. Život svetog čoveka, posvećen Šivi."

„A da li si imao priliku i da sretneš Šivu, ovde na ovom mestu?"

„Da. Šiva mi svake noći dolazi u san. Mi sati-

145

ma razgovaramo, družimo se...“

„Da li ti je Šiva nedavno poručio nešto neobično?“

Tada me Nara značajno pogleda. U njegovim očima pročitao sam strah.

„Da:

Šiva je bog - razarač,
uništitelj svetova, svega što postoji.
Njegova moć prevazilazi moći
svih ostalih bogova,
a snaga je jača od svega što postoji.
Šiva je istinski vrhovni Gospod,
nosilac Univerzuma,
njegov stvoritelj i rušitelj,
predvodnik ljudskog roda
i svih drugih, živih i neživih
stvorenja i bića.

On je Bog,
ili Božansko Biće,
Onaj koji ima toliku snagu i moć
da može neprestano i dugotrajno
da krši sve postojeće prirodne zakone,
uključujući i fundamentalne zakone fizike,
vidljive i nevidljive.
Kršenje zakona fizičke prirode

je njegov jedinstveni i univerzalni
duhovni proces.

Po svojoj prirodi prekršitelja opštih zakona,
on je Odmetnik.
A kako smo svi nastali iz kreacije
ovog Vrhovnog bića,
u tom smislu, mi smo odmetnici,
jedinstveni i veliki odmetnici.

A krajnji i Vrhovni Odmetnik jeste Šiva.
Niko ne može da se klanja Šivi,
jer to nije moguće.
Ali, svako može da se pridruži ovoj grupi
odmetnika."

***

„Naro, da li si i ti odmetnik?"

***

„Ja sam takođe odmetnik.
Živim nasuprot ljudskih zakona
i zakona države,
prkosim stvarnosti i realnosti
i priklanjam se mom vođi, Šivi.
Na tom putu, sledim iskonsko uputstvo
koje sam dobio od svog gurua,
duhovnog oca Arana,

onog koji vekovima obilazi krugove
oko tamne i duboke jame.
A ta jama, jeste prapećina,
materica, praizvor svega što postoji,
izvorište svih živih bića i neživih predmeta.
Ona je utočište Najvećem među najvećim
Odmetnicima,
Bogu Odmetniku,
Šivi."

***

„Ko je Šiva Odmetnik?"

***

„Oganj je Njegova glava,
Sunce i Mesec Njegove oči,
Svemir Njegove uši,
Vede Njegov govor,
Vetar Njegov dah,
Univerzum Njegovo srce.
Iz Njegovog stopala nastala je Zemlja.
Zaista,
On je unutrašnje sopstvo
Svih bića."

***

„Ko je Šiva Uništitelj?"

***

„Mi verujemo da je Šiva Uništitelj. Jer:

***

Sve što ima početak,
mora da ima i kraj.
Ali, u destrukciji, uistinu,
ništa nije uništeno,
osim iluzije invividualnosti.
Zato snaga uništenja
koja je vezana za Gospoda Šivu
ima veliku moć pročišćenja,
kako na ličnom nivou,
kada nas čini sposobnim
da vidimo realnost mnogo jasnije,
tako i na univerzalnom nivou.

Jer, uništenje otvara put
prema novoj kreaciji Univerzuma,
daje novu mogućnost za otkrivanje
lepote i drame
sveobuhvatne kosmičke iluzije.

***

Kao Satjam,
Šivam,
Sandaram
Ili Istina,
Dobrota

Ili Lepota,
Šiva predstavlja najsuštinskiju
Dobrotu...“

***

„Ko je Šiva jogin?“

„Dok se mnoga hinduistička božanstva vezu-
ju sa različitim pravcima i putevima joge i meditacije,
u Šivi umetnost meditacije preuzima najapsolutniji
oblik. U meditaciji, ne samo da je um zaustavljen,
već je sve napušteno. U dubokoj meditaciji ili sa-
madi, čak i sam objekat meditacije, kao na primer
mantra, je transformisan u suštinu bez oblika, što je
suština svačega i svakoga. Tako, Šiva se zalaže za na-
puštanje svega onoga što se nalazi u svetu formi. Put
Gospoda Šive je put asketskog jogina.“

„U kom obliku zamišljamo duh Šive?“

„Gospod Šiva je zamišljen u svojoj nerođenoj,
nevidljivoj formi lingama, falusa. Lingam predstavlja
mušku kreativnu energiju Šive. Ovaj glavni simbol
Šive je slavljen u doslovno svakom hinduističkom
hramu i domu. Ovaj falus nije obožavan kao takav,
međutim, kroz njega obožavamo Šivu kao vrhunsku
svesnost. Osnova koja u zagrljaju obuhvata lingam je
joni, ženski polni organ, vagina, simbol univerzalne
energije, kao Šakti, primordijalna kosmička energija i
dinamička snaga koja pokreće ceo Univerzum. Iako
je razumevanje simbola lingama i joni duboko, mi-
sterija kreacije može biti shvaćena kao čin ljubavi.“

150

„Šta je put Šive?“

„Sledbenici i obožavaoci Šive - šaiviti pripadaju najvećim asketima među indijskim joginima. Svoja tela pokrivaju pepelom kremiranih, oblače se u odeću boje šafrana i nose brojanice od semena rudrakše koje se nazivaju male. Put Šive može da bude smatran kao put prema svojoj unutrašnjosti, veliko putovanje u nameri da se pronađe spostveno Ja. Ovaj put je komplementaran putu VIšnua, koji je put prema spoljašnjosti, na kojem se iznedruje sopstvo koje se nalazi unutar bića i pušta da se manifestuje unutar Univerzuma kao i u našim životima.“

„Čemu uči Šiva?“

„Lord Šiva ima mnogo nijansi. On može da bude razarač, pod imenom Bolenat. Međutim, on je bog koji nas može naučiti mudrosti života...

...Kako nas uči Šiva, nikada ne treba tolerisati zlo...

...Lord Šiva nije mogao da toleriše zlo i uništio je zlo na pravičan način. Na isti način i mi treba da pokušamo da postignemo nultu toleranciju za nepravde i usprotivimo se nepravdama...

...Po Šivi, samokontrola je ključ za srećan život. Um koji ne može da se koncentriše na svoje ciljeve, ne može ni da ih dostigne. Zato je potrebno ostati fokusiran i ne biti žrtva želja i zavisnosti...

...Uvek budi miran i spokojan. Šiva je nazvan mahajogi zbog toga što meditira tokom dugih sati. Njegovo stanje uma je poremećeno samo u ekstremnim uslovima. Tako, možete osvojiti polovinu svojih bitaka u stanju mirnoće, čak i u ekstremnim situacijama...

...Materijalistička sreća nikada ne traje dugo - Lord Šiva je uvek ostao izvan bogatstva. Da bi vodili srećan život, materijalističku sreću treba da zamenimo srećom u iskustvima i događajima...

...Treba da pokušamo da suzbijemo negativnost na otmen način - u poznatoj legendi Lord Šiva je progutao otrov. Jer, samo je to i mogao da uradi i potisne ga u grlu. Lekcija koja može da se nauči iz ovog događaja je da potisnete negativnost u svom kretanju prema napred i pretvorite je u pozitivnost...

...Želje dovode do razaranja - Budući da je Gospodar Šiva bio slobodan od želja, stoga nije bio opsednut stvarima. Lekcija koja se može naučiti od toga je da opsesija dovodi do samouništenja...

...Poštuj svoju bolju polovinu - Šiva je takođe naziva ardnarišvara - složeni androgeni oblik šive i Parvati, pola muško - pola žensko, jer je bio napola Parvati. Šiva se prema Parvati odnosio sa najvećim poštovanjem i brigom. Ona je bila njegova šakti - moć, osnaživanje, primevalna kosmička energija, a Šiva joj je pridavao važnost koju zaslužuje...

...Kontrolišite evoj ego i otpustite svoj ponos. Vaš ego će uvek doći između vaših ciljeva i snova. Šiva je uvek nosio trišulu - trozubac, kako bi zadržao svoj ego. Nikada nije dopustio da mu ego nadvlada i nikada nije tolerisao ego drugih...

...Uvek budite jasni u novim stvarima u koje ulazite. Ganga u Šivinoj kosi simbolizuje kraj neznanja. To znači da bi trebalo znati u šta ulazite. Odbijanje činjenica neće vam pomoći...

...Prihvatite da ništa nije trajno - kao što je Šiva bio mahajogi - veliki jogi, pa je bio daleko od takozvane mo maje - sveta kao iluzije i kao takvog ga je zanemario. Trebalo biste znati da je život prolazan i ništa nije trajno. S vremenom, sve se menja....

...Plešite - svi znamo da je Šiva Nataradža - kosmički ekstatički plesač. Iako je njegov tandem uništio Svemir, to je umetnički oblik, koji je prešao na nas...

„Kako Šivi treba služiti?"

„Ovo je suština svih bogosluženja: da budu čista i da čine dobra drugima. Onaj koji vidi Šivu u siromašnima, u slabima i u onim bolesnim, zaista obožava Šivu. I ako on vidi Šivu samo na slici, njegovo obožavanje je samo početno. Onaj ko je služio i pomagao jednom siromašnom čoveku da vidi Šivu u njemu, ne razmišljajući o svojoj kasti, verovanju ili rasi, ili bilo čemu, s njim je Šiva više zadovoljan nego sa onim koji ga vidi samo u hramovima. Jer, sveti starac Aran je govorio da će bogati sagraditi hramove za Šivu, ali siromašan čovek to ne može. Noge siromaha su stubovi, telo svetilište, a glava kupola od zlata."

„Poštovani Naro, hoćeš me naučiti kako da

izvršim puđu i aarti Šivi? Hoćeš me naučiti mantrama, tantrama, krijama, mudrama, abišekama?"

„Naravno, dragi moj prijatelju. Reći ću ti odmah nekoliko saveta o puđi Šivi. Već znaš da je Šiva često predstavljen kao destruktivan vid bramana, nazvan „Uništitelj". Međurim, ovo je samo jedan atribut, jer postoje mnogo različitih grupa i sekti koje se obraćaju Šivi, kao i njegovim različitim oblicima i povezanim božanstvima, ili Šivi kao Vrhovnom Biću, pa shodno tome, pridaju mu raznolike atribute. Obožavanje Šive vrši se putem statua, lingama, koji je jedan od glavnih simbola Šive, obogotvorenih prirodnih obeležja, kao što su reka Ganga i planina Kailaš ili postoji obožavanje Šive bez ikakvog simbola. Međutim, najčešće je vršenje puđe Šivi ili abišekama. U mnogim hramovima, uobičajeno je vršenje Šiva abišekama na lingamu, što predstavlja manifestaciju Šive kao tvorca dobra, odnosno, uništitelja zla...

...U mnogim hramovima, iznad statue lingama (kamene statue falusa) koji izvire iz joni (statue materice), visi posuda koje se naziva tara patra, iz koje na lingam neprestano kaplje voda ili druge ponude iz poštovanja na Šivinu želju za abišekamom. Za Šiva abišekam se upotrebljavaju: vurda, mleko ili voda, med, blaga kokosova voda, vibuti (sveti pepeo), pančamruta (delikates zasnovan na panču - 5 sastojaka: mleku, šećeru, gi maslacu, medu, vurdi), banane, pasta od sandalovine, gi (rastopljen puter od jaka), haldi - kurkuma, mirisna ulja, lišće baela - drvene jabuke (bez delova koji se nazivaju čakra i bađra). Takođe, koristi se cveće, posebno akamda, datura, plavi lotus (ili ružičasti - beli lotus)...

***

...Boga Šivu milostivi osam cvetova - ponuda,
koji predstavljaju:

Nenasilje,

Kontrolu čula,

Plemenitost prema svim živim bićima,

Praštanje,

Mir,

Pokajanje,

Meditacija,

Istina...

***

...Pesma Šivi, „Šiva šloka", glasi:

OM,

Mi slavimo i obožavamo Te,

O Trooki, o Šivo.

Ti si slatka radost,

Miris života,

Koji nas hrani,

Obnavlja naše zdravlje

I podstiče naše napredovanje.

Kao što, vremenom,

Stabljika krastavca vene,
A tikva otpadne sa svoje loze,
Tako nas oslobodi od vezanosti i smrti
I ne odbijaj da nam pružiš
Besmrtnost."

***

Iznad nas se sijalo Sunce, a reka Bagmati je šumela pod nama.

***

U jednom trenutku, oblaci su zaklonili Sunce. Pomislio sam da se sprema pljusak. Ali, uznemirila me je neobična tišina koja je odjednom nastala. Jer, do nas nije dopirao nijedan zvuk. Oko nas nije bilo nijedne ptice, majmuna. Pa čak i insekti, mušice koje su nas donedavno u stopu pratile u letu, odjednom su nestale. Kao da je sva priroda oko nas zamrla. Nara i ja smo stajali u nedoumici gledajući jedan drugoga, ukočeni, nemi, sami na gatu. Osvrtali smo se oko sebe ne bi li uočili nešto neobično i osluškivali okolinu da osetimo bar neki tihi znak života oko nas. Međutim, prostorom Pašupatinata ovladala je grobna tišina.

Odjednom, čuo sam u daljini tutnjavu, kao neki huk, šum, kao nadiranje nekakve brze i moćne reke, nešto što se bučno kretalo prema nama, velikom brzinom. U deliću sekunde, primetio sam ogroman oblak prašine koji se zastrašujuće brzo primicao. Oblak je pratila tutnjava koja se čula iz dubine Zemlje. Preneražen, pogledao sam u Naru.

Nara se tada hitro okrete prema lingamu pored nas i uzviknu iz sve snage mantru:

***

„Slušaj,
O Gospode reka koje se sutiču,
Sve što stoji pašće,
Ali kretanje će zauvek ostati!"

***

A onda se nebo prolomilo, a tlo pod nama počelo da se trese i uvija. Građevine u okolini područja hrama su se rušile kao da su male igračke koje deca rasturaju po prašnjavom putu. Našli smo se u neverovatno snažnoj oluji sačinjenoj od prašine, drvenih delova kuća, opeka, suvog maltera. Nebo je prekrio gusti oblak.

Iako još nije bilo podne, nastala je noćna tama. Zaklonio sam oči i usta rukama i bacio se hitro na tlo pokrivši rukama glavu. U gustoj magli koja je nastala od nadošle prašine pokušavao sam da pronađem senku Nare, da proverim da li je živ, ali nisam mogao da ga primetim. Oko mene, skupila se grupa uplašenih majmuna, a mladunci su skočili u moj zagrljaj. Čvrsto sam ih držao u naručju. Ležao sam zajedno sa njima, nepomičan, pokrivene glave, dok je iznad mene tutnjao oblak načinjen od smeća, peska, drvenih otpadaka odnetih sa srušenih krovova kuća, crepova i ljudske odeće. Zemlja se pomerala, tlo se treslo, a kamene građevine kojima sam bio okružen su stenjale, škripale uvijajući se.

Ležeći među majmunima, osećao sam da nisam sâm u ovoj stihiji, a pripadništvo grupi davalo mi je snagu i veru da mogu da preživim. Zagrljen sa ovim malim preplašenim životinjama, čekao sam da prođe udar kataklizme.

Iza prvog naleta pokretanja tla i protutnjalog fronta gustog oblaka koji je nosio prašinu i komade zgrada, nastala je pauza. Uspeo sam da se pridignem i sednem na kameni pločnik. Opipao sam glavu i prašnjavu kosu. Na čelu sam osetio krv. Polako sam ustao i pogledao okolo sebe. Desetak metara iza mene, spazio sam malu grupu hinduističkih vernika. Žene i deca ležali su na podu, zagrljeni, pokrivajući glave. Nad njima su stajali muškarci, uplakani, vičući i držeći ruke visoko uzdignute. Prišao sam im i upitao ih da li im je potrebna pomoć. Deca su jecala, a žene su mi govorile da su dobro, da se ne boje i da će sve da bude u redu. Dozivale su u pomoć Šivu.

A onda je usledio još jedan stravičan udar. Tlo se ponovo zatreslo, zaljuljalo, a sve to pratila je neverovatna buka. Tutnjanje je dolazilo iz kamenih građevina koje su se iz osnova pomicale. U daljini, čuo sam huk koji je dolazio verovatno iz centra Katmandua. Iz tog pravca nadirali su crni oblaci koji su nosili pesak, građevinski materijal i svakojako đubre. U daljini sam čuo vrisku ljudi, vapaje i zapomaganje. Osetio sam neverovatno snažnu potrebu da pomognem, ali sam istovremeno imao osećaj da jednostavno to nisam u stanju, da sam suviše mali, slab, jer sam jedinka koja naprosto ništa ne može da preduzme u ovoj za sve beznadežnoj situaciji. Konačno mi je bilo jasno da sam se našao usred veoma snažnog zemljotresa, da ovo nije jedini udar i da treba da se spremim za nešto još mnogo gore.

Tumarao sam po kompleksu hrama Pašupatinat bez jasnog cilja. Pokušao sam da pronađem Naru, ali njega nigde nije bilo. Došao sam do platforme na gatu gde je neposredno pre udara zemljotresa bila u toku kremacija. Vatra je buktala, a dim sa lomače mešao se sa prašinom u vazduhu. Porodica preminulog čučala je skrivena u obližnjoj mrtvačnici. Prišao sam lomači i, očigledno nesvesno i u stanju šoka, optrčao nekoliko krugova oko nje. Pokušao sam da nogom ugasim plamen, ali sam bio bespomoćan.

Kada se tlo ponovo pokrenulo, bio sam na nogama. Iako sam razmišljao da je potrebno da se sklonim na neko sigurno mesto, plašila me je pomisao da mogu da budem zarobljen u nekoj kamenoj kapeli čiji svod bi se srušio na mene.

A tada mi je došla na pamet neverovatna misao. Shvatio sam da je u ovom trenutku za mene najsigurnije mesto upravo unutrašnjost hrama Pašupatinata! Iako bi u svim racionalnim rešenjima skrivanje u unutrašnjosti arhitektonske građevine bilo najrizičniji, nepromišljeni potez, ja sam nekako bio ubeđen, bio siguran da je unutrašnjost hrama za mene najsigurnije mesto. Potrčao sam svom silinom prema ulazu u hram.

Odmah sam naišao na uglačanu, zlatnosjajnu statuu bika Nandija. Prišao sam joj. Tada sam osetio neverovatan mir, spokoj, jasnoću i bistrinu uma, koje nikada do tada nisam prepoznao. Spoznao sam silu ovog čuvara vratnica hrama. Zagrlio sam statuu, kao da sam nesvesno od nje tražio pomoć i snagu da izdržim.

Seo sam u podožje statue Nandija. Osećao sam se zaštićenim, sigurnim. Dok sam tu sedeo, tlo oko mene je i dalje podrhtavalo, a oblast Pašupatinata prekrila je gusta magla prašine i delova građevina koji su leteli u vazduhu. U okolini hrama, čuo sam glasove ljudi koji se međusobno dozivaju ili zovu nestale. U daljini, čule su se sirene vatrogasnih kola i vozila hitne pomoći. Na nebu iznad oblaka prašine letelo je veliko jato vrana. U vazduhu sam osetio miris paljevine koji me je gušio. Zatvorio sam oči i glavu priljubio uz statuu.

***

Ne znam koliko dugo sam sedeo u naručju Nandija. Kada se buka zemljotresa stišala i oblak prašine smirio, ustao sam sa kamenog poda hrama i pošao prema izlazu.

Očima sam tragao za Narom i posmatrao građevine oko sebe. Ono što me je na prvi pogled iznenadilo bila je savršena očuvanost hrama Pašupatinat. Koliko god da sam očekivao ruševine ili bar pukotine u kamenim zidovima, nije ih bilo. U jednom trenutku sam čak pomislio da ono što sam upravo doživeo nije bio zemljotres, već neka druga pojava, možda ratni napad, ali sam u daljini, u centru grada, video velika razaranja koja su mogla da nastanu samo kao posledica stravičnog zemljotresa.

Desetak minuta lutao sam po dokovima reke Bagmati, popeo se na terase iznad vode, pokušavajući da sagledam celovitu sliku razaranja koje je načinio zemljotres. Međutim, i dalje nisam mogao da uočim nikakva oštećenja na građevinama kompleksa hrama.

A onda sam počeo da primećujem ljude oko sebe. Sadui koji žive u okrilju hrama polako i bojažljivo su izlazili iz svojih kapela, mrtvačnica i pećina. Vikali su nešto što nisam mogao da razumem, ali sam jasno mogao da čujem reči „Šiva! Šiva!" Zaustavio sam jednog sadua koji se kretao prema izlazu iz kompleksa hrama i pitao:

„Da li ima mrtvih? Da li lima povređenih?"

On mi je uzbuđeno odgovorio:

„Sigurno da ima veliki broj mrtvih i povređenih u Katmanduu, ali ovde, na Šivinoj svetoj zemlji i u Šivinom svetilištu svi su zaštićeni, neozleđeni! Gospodine, imali ste sreću što ste ostali ovde, u Šivinom hramu!"

Nije mi baš bilo jasno objašnjenje po kojem je ovo mesto zaštićeno od zemljotresa, pa sam pitao sadua još jedanput:

„Da li je ovde nekome potrebna medicinska pomoć? Da li treba da nekoga izvučemo iz ruševina?"

Na to mi je sadu odgovorio:

„Ne, ovde nema nikakvih ruševina. Ovo je sveto mesto. Pomoć je potrebna ljudima izvan hrama, u gradu."

***

Pošao sam peške prema gradu, misleći da ću usput možda naići na nekakvo vozilo, koje bi me prevezlo do mog hotela. Čim sam se udaljio od kompleksa Pašupatinata, zapanjeno sam shvatio da su posledice zemljotresa koji se upravo dogodio katastrofalne, štaviše kataklizmičke. Već na prvi pogled, bilo mi je jasno da je grad Katmandu u dobroj meri sravnjen sa zemljom. Kuće, bilo stare ili nove, ležale su na tlu, srušene, pretvorene u gomilu građevinskog đubreta. Iz ruševina su zapomagali ljudi, žene su vrištale, a deca plakala. Ljudi su trčali uokolo, obezglavljeni, ne znajući šta da rade i kako da pomognu povređenima.

Na ulici mi je prišla jedna devojka i plačući, povukla me za rukav.

„Gospodine, pomozite mi, molim Vas! Dete mi je ostalo u kući! Ne mogu da ga pronađem!"

Poleteo sam za njom. Dotrčali smo do ruševine. Stajali smo ispred ogromne gomile cigala, greda i crepova, na mestu gde se nekada nalacila kuća.

A onda me je devojka povukla za rukav:

„Molim Vas, pomozite mi da uđem u kuću! Tamo mi je ostalo dete!"

162

Pokušao sam da joj objasnim da ono što leži pred nama nije više kuća, već hrpa smeća, a da onaj ko se nalazi ispod nje svakako ne može više biti živ. Međutim, iako sam znao da je moja pomoć uzaludna, prišao sam ruševini i počeo rukama da kopam i sklanjam stare opeke. Žena me je i dalje vukla za rukav.

„Gospodine, pogledajte! Ova rupa, to je ulaz u kuću. Hajdemo unutra!"

Prišli smo šupljini koja je ostala nezatrpana, a ja sam, ne razmišljajući o tome da rizikujem svoj i njen život, uskočio u rupu za koju sam smatrao da može da me dovede do unutrašnjosti kuće. Žena je ostala na površini.

Kada sam ušao u središte ruševine, shvatio sam da se nalazim u relativno maloj prostoriji, čija se tavanica samo napola urušila. U mraku, pokušao sam da razaznam obrise prostorije i pod rukama osetim nameštaj i zidove ove sobe, ali sam mogao samo da napipam ostatke kućnih predmeta i nameštaja. A onda, u uglu, čuo sam jecanje deteta. Prišao sam bliže izvoru zvuka i prepoznao obrise živog bića. Preda mnom se nalazilo malo dete, staro svega par godina. Bilo je u šoku, nepomično. Nisam bio siguran da li je povređeno. Pokušao sam da uspostavim kontakt sa njim. Jasno sam video njegove oči koje su se promaljale iz mraka. Hitro sam ga obgrlio ospod pazuha i poneo na svetlost dana.

Čim sam izašao iz ruševine, žena je ridajući pala u moje naručje. Ja sam je zagrlio, a ona me je gladila rukom po licu. Sčepala je iz sve snage dete i ljubila ga.

***

U jednom trenutku, ugledao sam kamion koji se probijao između ruševina koje su zatrpale ulicu. Bez razmišljanja i pitanja vozača, uskočio sam u sanduk vozila. Na prvi pogled, bilo mi je jasno da vozi u centar grada, u Tamel.

Iz sanduka kamiona posmatrao sam posledice razornog zemljotresa. Tek tada sam postao svestan veličine tragedije koja je zadesila Katmandu, a pretpostavio sam i celu državu Nepal. Svuda oko nas ležale su srušene kuće, ljudi su plakali, dozivali u pomoć. Na ulicama sam video mnoga tela mrtvih ljudi i veliki broj povređenih koji su tražili pomoć. Ceo grad bio je sravnjen sa zemljom.

Pogledao sam iza sebe. U daljini, video sam kompleks hrama Pašupatinat koji je stajao netaknut, ceo, kao da je nekim čudom bio izuzet od stihije ove prirodne nepogode. U tom trenutku, prvi put mi se javila misao kojom sam povezao noćnu viziju Šive i reči koje mi je samo pre nekoliko dana uputio, a kojima me je pozvao da hitno doputujem u Katmandu, jer će se ovde dogoditi nešto neverovatno. Ovu viziju Šive prvi put sam sada povezao sa hramom Pašupatinat i mojim dolaskom na to Šivino sveto mesto upravo u vreme kada se dogodio nezapamćeno snažan i tragičan zemljotres. Sada mi je sve bilo jasno, a činjenica da je nalet zemljotresa koji je srušio ceo grad na neverovatan način poštedeo Šivino

164

svetilište, bila mi je očigledna i očekivana. Znao sam da je ovo što se upravo dogodilo bila strašna manifestacija Šivine moći, da je to plod njegove božanske destrukcije. Ipak me je delimično umirivala misao da ova razorna destrukcija možda ima nekakvu svrhu, kao što je možda obnavljanje svega što je srušeno i začetak novog životnog ciklusa.

Osetio sam se duboko pobuđen ali i potresen što sam upravo ja, iniciran od samoga Šive, bio tu na tom svetom mestu, u vreme kada je ovaj Bog Odmetnik ljudskom rodu manifestovao svoje neverovatne rušilačke moći. I bilo mi je jasno zbog čega sam, sedeći uz skute svetog bika Nandija, osećao neverovatnu sigurnost, mir, duhovnu ravnotežu. Znao sam da, bez obzira na stravičan događaj koji je odneo i odnosi hiljade nevinih žrtava u mojoj neposrednoj blizini, ja ni jednog jedinog trenutka nisam bio ugrožen. Jer, shvatio sam poraznu i tešku istinu da sam verovatno i ja Odmetnik, deo Šivinog Klana odmetnika. Kao takav, pripadam onima koji ne poštuju prirodne zakone i zakone fizike, ne pokoravaju se bilo čemu materijalnom i zbog toga sam neuništiv. Da, ja sam taj Šivin odmetnik, nepobediv i neuništiv. Ja sam deo Šivine nadbožanske energije razaranja, koja ruši i uništava sve pred sobom. Meni ta energija nije nepoznata niti strana.

***

Kada sam stigao u Tamel , shvatio sam svu težinu nedavnog razaranja. Ovde su čitave ulice bile srušene. Ljudi su gazili po opekama i prebirali ih u nadi da će pronaći nekog živog pod ruševinama. Na

165

sve strane ležali su mrtvi. Neke stradale su iskopali ispod građevinskog šuta, dok su mnogi i dalje bili zatrpani, nestali. Iz gomila cigli virile su noge, ruke, delovi odeće. Ljudi su se okupljali na ulicama i pokušavali da se organizuju kako bi pokušali da ispod ruševina pronađu eventualno preživele.

Na skoro svakom koraku nalazila se ruševina neke pagode, malog svetilišta ili hrama. Na sve strane ležale su gomile opeka, hrpe drvenih greda, krovnih drvenih elemenata, šindre, crepa. Bukvalno, ceo grad je bio pretvoren u ogromnu gomilu otpada građevinskog materijala. Već na prvi pogled bilo je jasno da se broj žrtava zemljotresa meri hiljadama.

***

Nekako sam uspeo da de dovučem do mesta na kojem je donedavno postojao moj hotel. Tamo sam naišao samo na gomilu srušenog građevinskog materijala. Iz hrpa opeka i urušenih zidova građevine virile su slike mandala. Među ruševinama naišao sam na bronzanu statuu Bude. Kada sam je bolje pogledao, video sam da je obezglavljena.

Znao sam da nemam šta da tražim na mestu mog hotela. Pokušao sam da budem od pomoći ljudima koji su pokušavali da se sami organizuju. Prigrabio sam nosila koja su ležala u šutu i zajedno sa jednim omanjim Nevari mladićem latio sam se teškog i mučnog zadatka sakupljanja i prenošenja leševa na obližnju čistinu. To sam radio do duboko u noć.

***

Sa malom grupom muškaraca koja je tog dana prenosila mrtve, noć sam proveo na otvorenom prostoru, na mestu gde nije postojala bojazan da će na nas pasti neka već dopola urušena ili teško oštećena zgrada. Sve građevine u okolini bile su sravnjene sa zemljom. Doneli su nam topao čaj sa đumbirom. Prijao mi je. Bilo je to prvo piće koje sam tog dana popio. Pokušao sam da uspostavim telefonsku vezu sa svog telefona u kojem je baterija već bila na izdisaju, ali nisam uspeo.

Iako su mi dali ćebe i smestili na ravan deo ulice gde sam mogao da legnem, nisam mogao da zaspim. Sedeo sam ogrnut prekrivačem i gledao tupo ispred sebe. Bez električne energije, lampe ili sveće, noć je bila izuzetno mračna i hladna. Na nebeskom svodu iznad mene, zvezde su sijale snažno kao nikada do tada. Tek pred jutro, odremao sam sat dva. Probudili su me spasioci sa kojima sam proveo noć, vrlo rano, pre izlaska sunca. Nastavili smo da iznosimo mrtve sa prostora srušene ulice i polažemo ih na obližnji gradski trg.

Ceo dan smo iskopavali i raznosili tela stradalih. Veoma iscrpljen, uveče sam zaspao vrlo rano, ležeći na maloj zatravljenoj površini otvorenog trga.

***

Naredni dan sam odmah ujutro otišao na punkt koji je organizovala lokalna uprava da se prijavim na listu osoba preživelih tokom zemljotresa. Bila je to jedina prilika da pošaljem mojim prijateljima u Evropi poruku preko interneta da sam živ. Međutim, rekli su mi da još ne prave spiskove živih, već samo evidentiraju one koji su poginuli, a čija su tela pronađena u ruševinama. Uputili su me na ambasadu moje zemlje.

Pre nego što sam pošao u ambasadu, odlučio sam da ponovo posetim hram Pašupatinat.

***

On je Gospodar,
Najmoćniji,
On je svuda
I na svakom mestu.
Ne postoji mesto na kojem On nije.
To je prostor u kojem je prisutna svest
U kojoj je prisutno svo znanje.

On nije nikada rođen,
Njemu nije moguće pripisati neku osobinu.

On jeste stanje samadija
U kojem ne postoji ništa,
Samo unutrašnje nebo svesti.

To je ono što je Šiva.

***

Dobro poznatim putem koji je krivudao među ruševinama i gomilama materijala preostalog od srušenih kuća, dovezao sam se rikšom do Pašupatinata.

Već na prvi pogled, video sam da je celo područje hrama, za razliku od potpuno devastiranog grada Katmandua, ostalo celo, gotovo netaknuto. Međutim, to saznanje me nije mnogo uzbuđivalo. Bio mi je jasan razlog zbog kojeg je hram ostao nedirnut. To je Šivin hram.

Odmah sam otišao do skulpture Nandija. Imao sam potrebu da ovom svetom biku odam poštovanje zato što mi je pružio sigurnost utočišta i mirnoću u trenucima kada je kataklizma rušila Katmandu.

Seo sam pred skulpturom i zatvorio oči. Prepustio sam se dubini meditacije.

***

U jednom trenutku, ukazala mi se jasna slika Šive. Gospod je stajao preda mnom i nemo me posmatrao. Bio je miran, nepomičan. Osetivši mirnoću njegovog prisustva, bio sam dovoljno snažan da mu se obratim:

„O, Presveti,
Moćni,
Najveći među Velikima,
Gospode!

Pred Tobom sam,
Nem i spokojan,
Jer zam da si Ti Biće svega,
Mir,
Beskonačnost,
Blaženstvo
I Lepota.

Ti si onaj koji zrači Mir,
Materijalni mir,
Mentalni mir
I mir u duši.

Čak i kada se dogodi kataklizma
Ili neki drugi poremećaj,
Ja znam da Ti ostaješ
Sedeći kao jogin, miran.

Međutim, ja znam da može da postoji mir
U atmosferi,
U telu i umu,
Ali je neophodan mir u duši.

Jer, možemo da imamo
Mir u atmosferi,
Možemo da uživamo
Dobro zdravlje,
A i da imamo mir u umu

U određenoj meri,
Ali ako je duša nemirna,
Ništa ne može doneti utehu.

Znam da samo u prisustvu
Sve tri vrste mira
Može postojati kompletan mir...

***

...Međutim, ja sam danas veoma uznemiren. Nakon onoga što se dogodilo ovde, u Nepalu, kada sam video uništenje celog grada Katmandua, hiljade mrtvih ljudi, hiljade porušenih domova, razdvojenih porodica i povređenu decu koja traže pomoć, ja više nisam spokojan...

...Kako da budem miran, kada se nalazim usred neverovatne destrukcije, razaranja gradova, sela i uništenja ljudi koji ničim to nisu zaslužili? U prvom trenutku, pomislio sam da se radi o prirodnoj katastrofi. A onda, kada sam video da je Tvoj hram, Pašupatinat, ostao nedirnut, postalo mi je jasno da sam prisustvovao neverovatnom činu razaranja od Velikog Gospoda Šive...

...Ali, i dalje mi nije jasno - zašto? Zbog čega?"

***

Šiva je i dalje sedeo nada mnom, pogleda uprtog negde u daljinu. Bio je nem, nepomičan, blagog ali odlučnog izraza lica. Njegovo treće oko je svetlucalo, a dugi, snažni bičevi crni kose uvijali su se po njegovom nagom telu jasnoplave boje.

A onda sam čuo njegove reči:

„Razaranje?
Šta je svetlost,
Nego razaranje tame?
Ono što je obrazovanje, znanje,
To je razaranje neznanja.
Šta je mokša,
Nego razaranje ciklusa rođenja i smrti?
Nijedan od ovih termina nema značenja
Bez pratećeg razaranja,
I nijedan od ovih termina se ne smatra
Negativnim!
Da bi bio omogućen duhovni napredak,
Potrebno je razoriti
Ono što je nesavršeno...

***

...Ja razaram iluzije,
Želje, neznanje.
Ja razaram zlu i negativnu prirodu.
Ja razaram stara sećanja,
Tako da je moguće nastaviti kretanje
U skladu sa vremenom.
Razaram odnose,

Privrženosti,
Nečistotu,
Fizička i mentalna zlodela,
Posledice rđave karme,
Strasti i emocije,
Kao i mnoge druge stvari
Koje stoje između ljudi i Boga
Kao prepreke razvoju
I unutrašnjoj transformaciji.
A na kraju,
Kada bude postignut
Dovoljan napredak,
Kada su ljudi i druga živa i neživa bića
Pripremljeni i spremni,
I kada postoji volja ljudi
Bez ikakvog unutrašnjeg konflikta,
Tada ja razaram

I samu Smrt!“

***

„Ali, kako je moguće razoriti smrt, razaranjem samog života?“

***

„Ja rastačem Univerzum
Zbog rađanja novog ciklusa,
Tako da sve neoslobođene duše,
Pa i one zarobljene u živim telima,

Imaju još jednu priliku
Da se oslobode ropstva fizičkog sveta.

To je moj Kosmički ples."

***

„Ali, verovatno postoje i oni koji, možda, ne
žele da budu „oslobođeni" na ovaj način?"

***

„Ne postoji način
Da se ikada bude po strani Šive,
U bilo koje vreme,
Jer se sâmo stvaranje, kreacija,
Sastoji od Šive.
Um, telo, sve je sačinjeno od Šiva tatve (istine).
Zato je moje ime Višvarupa,
Što znači da je ceo Univerzum
Moje obličje!
Jer, moja glava je vatra,
Sunce i Mesec oči,
Vede moj govor,
Vetar moj dah,
Univerzum moje srce.
Zemlja je nastala od mog stopala.
Ja sam unutrašnje Ja svih bića."

***

„Ali, kako da razumem ovoliki obim smrti koji se dogodio ovde, na ulicama Katmandua?"

***

„Da bi razumeli Šivu,
Ljudi moraju da shvate
Da su smrt i razaranje
Jednako savršeni i esencijalni
Delovi života,
Kao što su rođenje i stvaranje.
Najviši trans u jogi naziva se
Atma daršan:
Sjedinjenje sa atmom,
Unutrašnjim Ja,
Dušom,
Ili Principom sopstva.
Šiva daršan je još viši trans:
Sjedinjenje sa
Ili uništenje Principa sopstva

U Ništavilo."

***

Iz meditacije me je probudio zvuk mantre koju je pevala grupa hinduističkih sveštenika pred statuom Nandija. Pokušao sam da razumem reči mantre:

***

Ti si vrhovni, moćni
Razarač u Svetom trojstvu;
Ti moliš za hranu u posudi od ljudske lobanje
I živiš u okrilju Himalaja.

Strah je mrtav, ako pozovemo Tvoje ime
Ne postoji pakao za Tvoje privrženike
Tandava ples je tvoja igra
Ona potresa svet i čini da zlo nestaje.

Ti držiš Mesec i reku Ganga
Na svojoj glavi i umršenoj kosi u bičeve
Tvojim Trećim Okom najavljuješ promene
I dovodiš do novog života ispunjenog smislom.

Šiva, Gospodaru, pomozi i spasi
Život koji nije naš, već si nam ga Ti dao.

***

NA BRDU

On je Gospodar,
On je najmoćniji,
Šve što je iznad,
Što se širi svuda.

Ne postoji mesto koje i gde On nije.
To je taj prostor,
Ta svest, gde je prisutno svo znanje.

Nikada nije rođen
I nema osobine.

On je stanje samadija
Gde nema ništa,
Samo unutrašnje nebo svesti.

To je ono što je Šiva.

***

Sa Nepala sam se kući vratio slomljen. Noćima nisam mogao da zaspim. Na oči su mi dolazile slike rušenja Katmandua, vrisak, uzvici i urlici ljudi koji su nestajali u neverovatnoj snazi stihije zemljotresa. Sećao sam se svih, pa i najmanjih pojedinosti koje su mi se dogodile u Katmanduu. Proganjao me je osećaj žaljenja što sam uopšte tamo otišao i što sam sebe doveo u situaciju da budem svedok velike tragedije čovečanstva.

Možda me je najviše bolela spoznaja da sam iz ovog pakla razaranja izašao nepovređen, živ, dok su okolo mene stradale hiljade ljudi. Činjenica da sam se u trenutku zemljotresa našao u Šivinom hramu Pašupatinatu koji je Gospod poštedeo, nije mi davala mira.

***

Danima sam ćutao, nisam odgovarao na telefonske pozive, boravio sam u kući. Uveče bih sedeo pred televizorom, ali sam gledao kroz njega, negde u daljinu, gde sam video ogromnu ljudsku nesreću i patnju.

Pokušao sam da meditiram, sa željom da iz sebe izbacim nagomilane emocije koje su me ophrvale i nisu mi dozvoljavale da se psihički povratim iz jednog stanja u koje sam dospeo. Tokom meditacija padao sam u neku vrstu polusna, kada nisam mogao da odredim da li sanjam ili ne. U tim trenucima, moj odlazak na Nepal posmatrao sam kao nekakav san, davno odsanjan, sve vreme verujući da ono što sam tamo doživeo nije realno i u stvarnosti nije se ni dogodilo. Međutim, nakon vremena koje bih proveo u dubinama predela meditacije budio bih se, a onda sam postajao žrtva sopstvenih crnih misli.

Opterećen teškim iskustvom događaja u Nepalu, nastavio sam da živim svoju svakodnevicu.

∗∗∗

Prošle su više od dve godine od razornog zemljotresa na Nepalu.

∗∗∗

Moje loše psihičko stanje u kojem sam se našao nakon doživljene nepalske kataklizme, polako se popravljalo. Iako sam se mesecima nalazio u stanju teške depresije, koje su produbljivale česte noćne more, godinu dana nakon boravka na Nepalu, osećao sam se mnogo bolje.

Poželeo sam nove stvari u životu. Dojadili su mi mir i balans kojima sam decenijama težio. Naprotiv, hteo sam da budem zbunjen i zapanjen. Nisam želeo samo da znam šta se dešava oko mene, već sam hteo da znam više i više, dublje i dublje, bez obzira na moguće eventualne posledice takvog znanja. Bio sam svestan da, što više saznajem, toliko više zaista dobijam u životu. A ključ svega, smatrao sam, leži u mojoj svesnosti, u stvarnoj izgradnji moje lične svesti.

∗∗∗

Tokom proteklih godina priredio sam nezaboravnu turneju sa svojim muzičkim bendom. Iako su me fizički izmorili, u psihičkom smislu moji brojni nastupi su delovale isceliteljski. Nakon dobro primljenih koncerata koje sam priređivao u mnogim zemljama, osećao sam se srećnim, ispunjenim.

Sve moje stare pesme koje sam nekada komponovao, isto kao i neke loše stvari koje sam osećao, ostavio sam daleko iza sebe. To su primetili i moji fanovi. Jer, svi mi imamo emocije, u tom smislu niko među nama nije poseban. Međutim, razlikujemo se međusobno po onome što svako od nas u tim emocijama prepoznaje. Čak i u pojedinim tonovima mojih pesama, svako ko ih sluša imaće svoj, jedinstven muzički doživljaj. Ako moji slušaoci isprva i ne znaju o čemu im ja pevam, oni osećaju dubinu emocija, jer one na njih ostavljaju jasan trag. Svoje pesme pevao sam na koncertima u Britaniji, ali i u Rusiji, gde slušaoci nikako nisu mogli da znaju sve o čemu pevam, pa čak i da su odlično znali engleski jezik. Međutim, svi su imali izvanrednu predstavu onoga što sam želeo da im prenesem, kao sliku, doživljaj, psihičku promenu. Ta predstava je bitno uticala kako na moje fanove, tako i na mene.

***

Leto 2017. godine prošlo je veoma brzo. Tek što sam se opustio i sebi dozvolio kratak odmor u mom malom potkrovlju u Solzberiju, već je došla jesen. Kiše su sve češće padale na ovaj mali grad, koji je iz letnje turističke vreve preko noći dospeo u stanje koje bih opisao nekakvom vrstom hibernacije. Posle letnjih godišnjih odmora deca su krenula u školu, ljudi na poslove, a ulice su naglo opustele. Dnevnu gužvu u gradskom centru zamenila je pustoš.

Skoro svako jutro padala je kiša. Trotoari su bili vlažni, a ljudi su se hitro kretali po njima, žureći na posao. Rano ujutro izlazio bih u šetnju, nakon koje bih radio u svom malom studiju. Uveče sam koristio poslednje lepe dane jeseni da bih se provozao biciklom. Vozio sam se po okolini Solzberija, uživajući u zelenilom prebogatoj prirodi. Ove moje vožnje činile su me srećnim, zadovoljnim.

***

Jedno veče, seo sam na bicikl i povezao se na Old Sarum, brdo iznad grada. Ovo, nekadašnje utvrđenje ovalnog oblika na brdu sadrži arheološka nalazišta i ostatke stare katedrale. Voleo sam da sedim na vrhu tog brega, gde sam osećao energiju prošlosti i mogao opušteno da meditiram. Često sam, ćutke sedeći, osluškivao zvukove u prirodi oko sebe ili sam poluglasno pevao. To veče, bio sam dobro raspoložen.

***

Penjući se,
Mogao sam da vidim svetlost grada u daljini.
Vetar je duvao,
Vreme kao da je stalo.
Iz tame neba izleteo je orao i sleteo na polje.
Kao da je nešto posmatrao.

Prišao sam bliže i čuo glas.
Stojeći, propeo sam se na prste i umirio se
Ne bih li čuo reči.
Pokušavajući da shvatim poruku
Koja je dopirala do mojih ušiju,
U neverici,
Prepustio sam se mašti.

***

A onda,
Moje srce je glasno zakucalo:
Bum, bum, bum.
Čuo sam dobro mi poznat glas.
Bio je to Šiva.
On mi je rekao:

„Sine, pokupi svoje stvari.
Došao sam da te odvedem kući."

***

Narednih dana, osetio sam nagle promene u svom ponašanju. Postao sam tih, povučen u sebe, bezvoljan, bez inicijative, kao da sam pomiren sa sudbinom, što je bilo suptorno mojem dotada veselom raspoloženju. Posle par nedelja krize već sam pomislio da ludim, kada me je zapljusnuo osećaj nekakve nove, meni nepoznate snage koja se rađala u meni. Ona me je terala da budem u stalnom pokretu, hiperaktivan. Pokušavao sam da radim neverovatna, glupa dela. Na primer, jednom prilikom sam probao, pripremajući večeru za prijatelje, da pretvorim vodu u vino. Čudilo me je što nisam uspevao u ovom naumu, jer sam bio potpuno siguran da je to u mojoj superprirodnoj moći. Sve te neverovatne stvari pokušavao sam da uradim sumanutom brzinom, sa nestrpljenjem, jer sam se plašio da će se ova odškrinuta vrata moje svesti koja su mi se odjednom otključala, vrlo brzo zatvoriti i da ću se ponovo naći u ponoru besmisla.

Zato, iz dana u dan, odlazio bih na malo brdo Old Sarum izvan grada, gde bih se osećao delom prirode, izdvojen iz mašinerije svakodnevnog života. Po pravilu, tamo bi moje srce ponovo zatreperilo i ja bih iznova čuo meni dobro poznat glas:

„Sine, pokupi svoje stvari,

Došao sam da te odvedem kući."

***

Nakon ovih odlazaka na Old Sarum gde bih čuo Šivinu poruku, počele su da mi se događaju čudne stvari. Osećao sam kao da se okrećem na nekakvoj, samo meni poznatoj, takozvanoj „vrtešci iluzija". Znao sam da se ne nalazim tamo gde želim da budem, a ova vrteška počela je da se okreće sve brže i brže. U pojedinim trenucima pomislio sam da sam slobodan, nezavisan od dosadašnjeg života, svakodnevice, da su svi horizonti ovog sveta meni otvoreni. Međutim, kada bih zatvorio oči, proživljavao sam košmar za koji sam mislio da sam ga odavno izbacio iz sebe. Bile su to scene proživljenog zemljotresa na Katmaduu. Pred očima su mi se vrtele siluete ljudi, žena i dece koji su nestajali pod ruševima, a zvuci dozivanja u pomoć i vriska odzvanjali su mi glavom.

***

A onda sam se jedan dan popeo na Old Sarum sa snažnom mišlju da se, bez obzira na moguće posledice, definitivno i bespovratno suočim sa onim što me je proganjalo: sa svojim novim, meni dotada nepoznatim Ja. Bio sam spreman da upoznam mene, drugog, promenjenog. Seo sam na travu na vrhu brda i posmatrao grad ispod. Pored mene su sedeli devojka i mladić, ljubeći se.

***

Rekao sam u sebi:

„Roberete, tebi ne treba zamena! Meni si dovoljan ti sam! Ali, želim te novog, sa osmehom na licu. Želim da taj osmeh zrači na ljude, na svet oko tebe!"

***

U tom trenutku, moje srce je zaigralo:

„Bum, bum, bum",

ali ja nisam sačekao da čujem meni poznat glas Šive. Ustao sam sa tla i doviknuo mladom paru koji je sedeo nedaleko od mene na travi:

„Hej, možete da zadržite moje stvari!
Došli su po mene da me vode kući!
Idem kući!
Idem kući!
Idem kući!"

***

Čim sam sišao sa brda, seo sam za svoj radni sto, uključio računar i preko interneta kupio avionsku kartu za Katmandu.

***

PAŠUPATINAT

Nakon što je avion sleteo u Katmandu, prestonicu podno vrhova Himalaja okupanu prvim jutarnjim zracima sunca, odmah sa aerodroma Tribuvan seo sam u rikšu i pošao u Pašupatinat.

Vozio sam se ulicama Katmadua koji je dve godine posle zemljotresa bio na oko funkcionalno doteran, sređen, ali su i dalje bile vidljive posledice strahovitog rušenja. Na licima ljudi činilo mi se da vidim izraze zabrinutosti, zatvorenosti, bede. Sve to ostavljalo je u meni teški osećaj nelagode i usamljenosti. Grlo mi se stezalo dok sam iz rikše posmatrao ovu siromašnu zemlju nedavno pogođenu neviđenom kataklizmom. Ako sam ranije mislio da pripadam ovom tlu i ovim ljudima, danas sam naprosto shvatio da mi nije mesto među svim tim paćenicima. Jer, nikako nisam mogao da zaboravim na istinu da sam ja, u trenucima velike tragedije zemljotresa bio jedinstvena, povlašćena osoba koja je, pre svih, pre dve godine, imala informaciju, provereni osećaj da se u ovoj zemlji sprema nešto loše, veliko i teško i bio sam pošteđen te tragedije budući da sam se zadesio na svetom tlu Šivinog hrama. Zbog toga sam snažno osećao krivicu.

Od onog jutra kada se dogodio zemljotres, nisam imao nikakvo saznanje o Nari, agoriju sa Ganga, u čijem me je društvu iznenadila ova kataklizma. Pretpostavljao sam da je živ, ali nisam imao predstavu gde se nalazi. Sada sam imao želju da ga pronađem i pozdravim. Čim sam stigao u područje hrama Pašupatinat, ošao sam na terase iznad reke Bagmati, gde se nalaze nizovi malih kamenih svetilišta koja su nekada služila kao mrtvačnice, a danas ih naseljavaju sadui šaivisti, poznatiji kao agori. Išao sam od svetilišta do svetilišta i zagledao u njihovu unutrašnjost. Među licima brojnih agorija koji su u svetilištima boravili, pokušavao sam da pronađem poznat lik Nare. Međutim, njega tu nije bilo. A onda sam odlučio da ga pozovem, uzvikujući glasno njegovo ime.

"Naro! Naro! Pojavi se!" vikao sam iz sveg glasa.

Iz jedne kamene mrtvačnice promolio se starac i povikao:

"Gospodine, koga tražite?"

"Tražim Naru, sadua iz Indije, sa Ganga. On ovde živi decenijama. Mršav, crn, duge kose i brade."

"Gospodine, svi koji smo ovde, došli smo sa Ganga. Svi smo mršavi, duge kose i brade. Ali, da li ste probali da ga potražite u hramu? Sada je tamo jutarnja puđa. Možda je među sveštenicima koji vrše jutarnji obred?"

Pošao sam put hrama. Iz daljine, čula se muzika. Vernici su pevali mantre posvećene Šivi. Čuo sam poznete zvuke himne Sri Rudnam:

187

Gospode Rudra,
Ti koji živiš na planini Kailaš
I koji prenosiš sreću,
Svojim oblikom
Koji nije strašan,
Koji nas neće povrediti,
A što je veoma povoljno,
Pogledaj nas i osvetli.

***

Moj Gospode
Koji živiš na planini Kailaš
I pružaš radost svima!
Ti koji ispunjavaš Tvoj zavet zaštite
Svih koji te služe
I uzimaju utočište u Tebi;
Ta strela Tvoja
Koju držiš u pripravnosti da je odapneš,
Zadrži je
I učini je mirnom i dobrom.

***

Gospodaru planine Kailaš od Veda!
Molimo se da prihaviš naše iskrene reči.

Tražimo da za sve naše dane,
Ceo svet bude sačuvan
Od bolesti i neslaganja,
Da možemo da živimo u slozi i miru.

***

Ušao sam u unutrašnje dvorište hrama. Ispred mene nalazila se poznata gigantska statua bika Nandi. Stao sam pred njom i ugledao starca koji je, okrenuvši se prema ušima svete životinje, nešto šaputao prema njoj.

Prepoznao sam Naru. Prišao sam mu i lagano ga dodirnuo po ramenu.

Nara se okrenuo prema meni i, prepoznavši me, zagrlio me.

„Namaskaram, prijatelju", rekao mi je sklopivši ruke u pranamasanu, „poklanjam se božanskom u tebi."

„Namaskar", odgovorio sam, sklopivši takođe ruke u anđali mudru, „primi moje iskreno poštovanje, sveti čoveče, prijatelju."

„Šta te dovodi ovamo, poštovani Roberto?"

„Želeo sam da ti se javim i pozdravim te, pre nego što nastavim put."

„A gde putuješ?"

„Idem na Kailaš."

„Kailaš? Planinu Kailaš?"

„Da. Idem da se tamo pomolim našem Gospodu, Bogu nad Bogovima, Šivi."

„U tom slučaju, imam nešto za tebe. Pođimo u moju isposnicu."

Pošli smo prema terasama na kojima se nalaze svetilišta - mrtvačnice. Ušli smo u malu hramnu kapelu u kojoj živi Nara. Iako je bilo jutro, a nebo vedro, plavetno, osvetljeno jarkim suncem, unutrašnjost ovog utočišta bila je mračna. Na podu se nalazila prostirka za meditaciju, a na zidovima su visile slike Lorda Šive. U sredini je gorela kupica ispresovanog sandalovog drveta iz koje se vio mirišljavi dim. Nara me pozva da sednem.

„Sedi, ovde, u sredinu. To je najbolje mesto za meditaciju."

„Ali, Naro, mislim da nije vreme za meditaciju."

„Svako vreme je dobro za meditaciju. A sada je nabolje. Jutarnje asane su najbolje za početak dana. A meditacija je ono što ti ispunjava dan."

„Ja nisam jogin, Naro. Ja se ne bavim jogom."

„Svako može da se bavi jogom."

„Ja nisam elastičan, moje telo nije dovoljno savitljivo i pokretljivo da bih mogao da se bavim jogom."

„Roberto, bavljenje jogom ne znači „uvrta-ti" telo u nekakve čudne poze. Joga je mnogo kompleksnija."

„Verujem. Ipak, ja i dalje mislim da nisam sposoban za jogu."

„A da li si sposoban da slaviš i klanjaš se Bogu Šivi?"

„Naravno da to mogu. Slavim ga i klanjam mu se, evo i sada, u ovoj jedinstvenoj prilici."

„A kako mu se klanjaš, ako nisi sposoban za jogu?"

„Jednostavno, klanjam mu se, bez znanja joge."

„Roberto, Šivu nije moguće doživeti bez joge. Joga ne podrazumeva samo asane, fizičke položaje, već je ona iskustvo Šive koje se odvija u meditaciji. To je kada se iznutra doživi jasno otkrovenje ili katarza."

„Da, ali moja svest nije obrazovana na način da mogu da doživim katarzu klanjajući se Šivi."

„Postoje tri stanja svesti: budnosti, sanjanja i spavanja. Međutim, postoji i četvrto stanje svesti koje nije budnost ni san, niti spavanje. To je stanje u kojem je um budan, ali se telo odmara i ti znaš da si prisutan, ali ti nije poznato gde se nalaziš. To je Šiva. A iskustvo ovog stanja dobija se u meditaciji. Ako počneš da upadaš u ovo stanje u kojem ne sanjaš niti spavaš, ulaziš u stanje samadija, u kojem si oslobođen briga.

„Da, već mi je poznato takvo stanje svesti. Ali, još uvek ne mogu da kažem da posedujem nekakvo značajno iskustvo o njemu."

„Kada meditiraš, koje iskustvo imaš? Ono nije budnost, niti spavanje. Taj pogled na četvrto stanje je ono što se naziva Šiva tatva. Kada sediš i meditiraš, duboko u sebi stupaš u kontakt sa Šiva tatvom. Ovo stanje ti daje najdublji počinak koji je moguće da doživiš. Um postaje svež, delikatan, divan i nevin."

„Slično stanje uma doživeo sam, odnosno, doživljavao sam u više prilika. Kada bih se popeo na brdo Old Sarum iznad grada u kojem živim, zapadao bih u nekakvo, meni nepoznato i neobjašnjivo stanje svesti. U takvom stanju nisam mogao da razaznam ni osetim protok vremena, pa ni da budem svestan sebe samog, onakvog kakav u suštini jesam. Teško je opisati to stanje svesti i nisam siguran da li sam uopšte sposoban da prenesem drugome ili opišem ovu vrstu doživljaja."

„Šiva tatva je najlepša tatva i to je razlog zašto je o njoj veoma teško govoriti. Nju je moguće samo osetiti. Ona je izvan razumevanja, ali mi jedino možemo da napravimo pokušaj da je razumemo. To je razlog zašto je mistična, jer je iznad reči. U razgovoru o Šiva tatvi reči su nam vrlo bliske, međutim istovremeno i daleke. Um takođe prilazi blizu, ali ne možemo ga dohvatiti. Ovo je prelepo opisano u Taitirija Upanišadi Jajur Vede, gde se kaže:

„Taj je oblik onaj
Koji ujedno govori i vraća misli
Bez mogućnosti da ih razumemo
Ili proniknemo u njega.
To je ono što ne može da bude opisano
Ili čak zamišljeno.“

„Da. Kao što ne možemo da opišemo proces stvaranja iza kojeg stoji Šiva.“

„Naravno, to nije moguće. Jer, Šiva obuhvata ceo opseg stvaranja. A stvaranje je puno suprotnosti. Tako, s jedne strane On je smatran za Svet Vastra Daru (Koji nosi belu odeću), a sa druge strane, on je Krišna Varna (On je Tama). Tako:

On je jedinstvo Tame i Svetla,
Plesa i meditacije.
Šiva je Gospodar Univerzuma,
Ali ipak On ne poseduje ništa.
Ni komad odeće niti nakita.
On je Gospodar Univerzuma,
Ali on ne nosi odeću,
Već je go.

Šiva je jedinstvo suprotnosti.
Povezuje dinamičnost prelepog plesa

Sa tišinom meditacije.
S jedne strane, On je Rudra
„Moćniji od najmoćnijih", žestok i jak,
A sa druge strane on je Bolenat,
Ili Onaj Najneviniji.
Nevin i inteligentan,
Besan a tako milostiv,
On je otelotvorenje saosećanja,

A sa druge strane vatren i nemilosrdan.

...Šiva tatva je najbolje opisana u celini preko svojih suprotnosti koje su ekstremi. I zato je potpuna. Celovita."

„Ali, Naro, ako ne možemo da proniknemo, niti opišemo bit Šive, kako možemo da znamo da smo ga sreli, videli? Kako možemo da budemo sigurni da je ono što se nalazi u našim mislima, najplemenitije i najuzvišenije, posledica našeg odnosa prema Šivi?"

„Svako, svaki čovek,
Svako ljudsko ili uopšte živo biće
Ili neživa tvar, materija,
Može da pronađe Šivu,
Jer je Šiva svuda i na svakom mestu.
On je gradivni deo nas živih,
Isto onako kao što je i sastavni element

Nežive materije.
Međutim, treba puno umeća i mudrosti
Da bi neko pronašao Šivu
U njegovoj punoj čistoti i svetlu.
Za to je potrebno hiljadugodišnje iskustvo
I stotine godina truda."

„Da li si ti, Naro, pronašao Šivu?"

„Ja decenijama tragam za Šivom. Osećam ga u svakoj mojoj živoj ćeliji, u svakom zavijutku mozga. Ali i pored jasne slike koju imam o Njemu, ne mogu sa sigurnošću da tvrdim da sam ga pronašao."

„Naro, šta misliš, gde treba tražiti Šivu? Da li postoje neka sveta mesta na kojima je moguće pronaći Šivu?"

„Gde treba da tražš Šivu? Tragaj za njim u stanju između budnosti i sanjanja, ili između dubokog sna i jave, što se nalazi u predelima planine Kailaš."

„Upravo sam tamo i pošao."

Tada, Nara izvadi iz svoje platnene kese neki svetlucavi predmet. Stavi mi ga u ruke.

„Izvoli, Roberto. Ovo je moj poklon za Šivu. Treba da ga odneseš na planinu Kailaš i tamo da mu ga daš. A Šiva će već znati šta treba s njim da radi."

„A šta je to, Naro?"

„To je gau, tibetanski gau prenosivi relikvijar. Sastoji se od fino, filigranski ukrašene srebrne kutijice sa staklenim poklopcem u kojem se nalaze relikvije. Ti ćeš ovu kutijicu poneti na Kailaš i tamo je ostaviti."

„A šta se u toj kutijici nalazi?"

„U njoj se nalaze ostaci pepela moga učitelja i gurua."

„A ko je tvoj učitelj i guru?"

„Moj guru je presveti starac Aran, hiljadugodišnje biće sa obale Gange."

„Aran koji hiljadama godina obilazi oko kružne jame koja se nalazi na obali Gange nedaleko od hiljadugodišnjeg stabla izraslog iz semena rudrakše?"

„Da, to je Aran."

„Ja sam mislio da je taj sveti starac još uvek živ, da je star stotine godina?"

„Da, taj sveti starac Aran je još uvek živ."

„Ali, kako onda postoji pepeo Arana u gau relikvijskoj kutijici?"

„To je pepeo Aranove prethodne inkarnacije."

„Da. Sad mi je možda jasno... Naro, a koliko si ti star, mislim na godine?"

„Moja prošlost seže hiljadama godina. Međutim, tokom višedecenijskog meditiranja uspeo sam da sretnem, mislim, da ostvarim kontakt sa oko desetak mojih ranijih inkarnacija. Njih sam video vrlo jasno."

„A čija si ti reinkarnacija?"

„U toku mog hiljadugodišnjeg bivstvovanja na ovoj planeti, ja sam imao raznolika obličja. Bio sam čovek, pas, petao, zmija, buba, pacov. Ali, najčešće sam bio čovek. Moja prethodna inkarnacija jeste moj guru."

„Aran?"

„Da, Aran."

„?"

Pogledao sam Naru u oči, a one su bile uperene negde u daljinu. Pokušao sam da mu se obratim, ali sam shvatio da je ovaj agori upravo pao u dubok meditativan trans, nešto nalik snu ali nije san, slično budnosti ili spavanju, ili je to nekakvo stanje koje obuhvata sve to zajedno. Znao sam da sam u tami njegove isposničke ćelije u ovom trenutku suvišan. Izašao sam tiho i lagano iz male ćelije i pošao put centra Katmandua.

***

Već sutradan, krenuo sam na put, prema svetoj planini Kailaš.

***

PLANINA KAILAŠ

Ranom zorom pridružio sam se grupi hodočasnika koji su išli na Tibet. Seo sam na jedino preostalo mesto u starom terenskom vozilu indijske proizvodnje i odmah zaspao. Nakon nekoliko sati vožnje po neravnom putu, prešli smo granicu i iz Nepala ušli na Tibet. Zavojitom cestom uspeli smo se u Njalam, mali pogranični grad belih kamenih kuća, gde smo proveli ceo dan.

Sutra ujutro nastavili smo put preko peščane i stenovite zemlje Tibeta. Iz vozila sam posmatrao predivne predele jezera Pelku tso i planine Šišapa. Prolazili smo pored grupa nomada koji su prašnjavim putevima terali stada jakova i ovaca. Čuo sam njihovu pesmu u daljini. Kasno poslepodne, prešli smo reku Brama Putra i zanoćili u tipičnom tibetanskom gradu Saga.

***

Od Sage do Parjanga naš stari terenac je jezdio kroz vetrovito područje prolazeći kroz mnoga sela i logore stočara i goniča jakova. Na ovom platou nalazili su se kampovi nomada koji tu leti čuvaju svoja stada. U daljini sam mogao da vidim snežne vrhove planina. Pogled na njih ispunjavao me je mirom i sigurnošću. Nakon stajanja u Parjangu, produžili smo prema jezeru Manasarovar. U kasnim popodnevnim satima, stigli smo na obale jezera Manasarovar. Tada sam sa ushićenjem prepoznao snežnobelu piramidu vrha planine Kailaš. Isticala se u daljini, iza jezera, a njena površina se zlatila pod niskim poslepodnevnim sunčevim zracima.

Smestili smo se u Čiu gompi, malom budističkom manastiru sagrađenom na steni nedaleko od jezera Manasarovar. Čim sam ostavio stvari u mojoj maloj sobi kamenih zidova u ovom pribežištu budističkih monaha, pošao sam u kratku šetnju po okolini manastirskog kompleksa. Odmah sam primetio desetak hodočasnika koji su se takođe smestili u manastiru. Došli su motociklima, koji su danas zamenili konje u mnogim oblastima Tibeta. Sobom su nosili kamp opremu - šatore, toplu odeću, hranu. Kao u Indiji i Nepalu, i Tibetanci vole da ukrase svoje motocikle i kamione šarenim bojenim ukrasima.

Na peskovitom i kamenitom tlu sedele su žene sa Tibeta, obučene u koloritne narodne nošnje, glava prekrivenih maramama jarkih boja. Neke su nosile kapute sašivene od tradicionalne vunene tkanine osnovne crne boje sa prugama u najrazličitijim, jarkim nijansama crvene, zelene i plave. Lica su im bila pokrivena nekom vrstom šala ili marame, tako da sam mogao da im vidim jedino oči. Muškarci su nosili teške, masivne kapute od vune ili kože. Podno manastira nalazila se hrpa kamenja na kojoj su bile naslagane desetine lobanja jakova sa velikim, zadivljujućim rogovima. Svuda uokolo mene, na vetru su se vijorile tibetanske molitvene zastavice vezane na jakim i dugim užadima razapetim između stena. U nišama manastirskih zidova nalazili su se molitveni točkovi koje su hodočasnici rukama pokretali u prolazu, krećući se u smeru kazaljke na satu.

Lutajući oko manastira, bio sam pogođen izuzetnom verskom posvećenošću i predanošću naroda Tibeta. Ti ljudi čine velike lične žrtve da bi vršili hodočašće na planinu Kailaš. Ovo saznanje učinilo je da ponovo razmišljam o svojoj istinskoj privrženosti verovanju u Gospoda Šivu. Na ovom svetom mestu ponovo sam osetio mir, smirenost, prisebnost i spokoj. Osećao sam se veoma udaljen od svih nevolja koje sam imao u životu, posebno teških događanja koji su decenijama tinjali i plamteli u meni, a koje sam svakodnevno proživljavao sa stresom. Posmatrao sam obrise budističkog manastira na steni, a njegova slika odavala mi je osećaj sigurnosti i zadovoljstva. Iako nisam budista, osećao sam svetost ovog posebnog mesta. Znao sam da je upravo taj osećaj blagoslov koji imaju Tibetanaci prilikom posete ovim svetim predelima Himalaja.

***

Sutradan sam pošao na obalu jezera Manasarovar. Dok sam silazio niz stenu manastira Čiu, posmatrao sam planinske vence u daljini i impozantan oblik piramide snegom pokrivene planine Kailaš. Plavetnilo neba obuzimalo je sva moja čula, a ja sam ga upoređivao sa plavetnilom kože Lorda Šive.

Na obali jezera su dva jaka pila vodu. Na jarbolu u plićaku vijorile su se molitvene zastave. Grupa hinduističkih hodočasnika kupala se u hladnoj jezerskoj vodi. Na kamenu pored vode sedeo je starac. Bio je obučen u belo, imao dugu sedu bradu i kosu koja je virila ispod turbana. Odlučio sam da mu priđem i pozdravim ga.

„Namaste", naklonio sam se prema njemu sklopljenih šaka.

Starac se okrenuo prema meni.

„Namaste."

„Da li ste već dugo ovde, na obali jezera?" upitah ga.

„Da. Sedim ovde od rane zore."

„Da li ste već ranije bili ovde?"

„Bio sam. Svake godine, ovde provodim nekoliko nedelja."

„Šta radite ovde, na obali jezera?"

„Meditiram."

„Pretpostavljam da znate mnogo o ovom jezeru?"

„Moguće, reče starac sa osmehom na licu."

A onda sam se setio da se starcu nisam predstavio.

„Oprostite, nisam se predstavio. Moje ime je Roberto."

201

„Ali, ne morate da se izvinjavate. Ja znam ko ste vi."

„Kako to znate?"

„Naprosto, znam."

„A, vi ste?"

„Moje ime je Aran."

Tada pomislih na svetog starca Arana koji hiljadama godina obilazi oko jame u Rišikešu, pored reke Gange, nedaleko od hiljadugodišnjeg drveta rudrakše. Odlučih da pitam starca:

„Oprostite, odakle dolazite? Da niste možda sa svete reke Gange?"

Starac odgovori:

„Svi mi dolazimo sa svete reke Gange."

„Da, ali se samo malobrojni zaista i okupaju u njoj."

„Ako se hiljadu godina kupaš u vodi Gange, osećaš se isto onako kao kada se u toj reci okupaš samo jednom, ili čak ako samo nakratko pokvasiš šaku."

„Zašto?"

„Zato što nije važno onih hiljadu godina kupanja, već je bitno što ćeš pokvasiti noge ili ruke svetom vodom, starom ne hiljadu, već milionima, milijardama godina. Pa makar pokvasio samo jedan prst na delić sekunde, taj delić će ponekad imati veći značaj od nečijeg hiljadugodišnjeg odlaska na obalu i kupanja u svetoj reci."

„Ali, da li to znači da je onaj koji samo po- kvasi prst u reci možda mudriji od onog koji se tamo kupa hiljadu godina?"

„Nije mudar onaj koji, živeći na obali reke Ganga, kopa mali bunar za vodu, isto kao što nije mudar onaj koji, došavši na dijamantsku planinu Kailaš, traži ogrlicu načinjenu od staklenih perli."

„A da li je mudro kupati se na jezeru Manasa- rovar?"

„Manasarovar jeste Ganga, mi smo Ganga. Ova voda je sveta, jer ju je stvorio Gospod."

„Ko je stvorio jezero Manasarovar?"

„Prema hinduističkoj mitologiji, postoji vero- vanje da je jezero Manasarovar stvorio Gospod Bra- ma, Bog Tvorac. Smatrao je da je to prikladno mesto za verske obrede. Njegovih dvanaest sinova, takođe svetih bića, izvodili su rituale i bili isposnici na tlu pustinje koja se nekada ovde nalazila. Kako bi im pružio prikladnije mesto, Gospod Brama je stvorio predivno jezero koje je danas poznato pod imenom jezero Manasarovar. Budisti povezuju ovo jezero sa jezerom Anotata. Prema predanju, Gospod Buda je začet na ovom mestu. Legenda kaže da su bogovi do- neli Budu na obalu jezera. Budina majka, koja se ku- pala u vodi videla je belog slona kako sa planine Kailaš juri prema njoj i okrenula se prema njemu, a u tom trenutku Gospod Buda je ušao u njenu matericu."

„A zašto je sveta planina Kailaš, koja se nalazi iznad jezera Manasarovar, toliko važna?"

„Mogo me pitaš, stranče... Ali, pošto imamo dosta vremena pred sobom, a dan je lep, vedar i bez mnogo vetra, odgovoriću ti. Slušaj me pažljivo...

...Većina hinduističkih jogija i mistika birali su planinske visove za svoja boravišta. Na vrhovima vlada večni mir, sa njih se daleko vidi i njih ne posećuju ljudi, zbog čega su mesta pogodna za duhovni proces. Bogovi i mudraci su odabrali stene na najvišim vrhovima Himalaja da u njih deponuju svoja znanja u obliku energije. Hiljadama godina, ostvarena bića putovala su na planinu Kailaš i tamo pohranjivala svoju mudrost. Smatrali su ovu planinu osnovnim uporištem svog spiritualnog delovanja i od nje načinili sveto mesto.

...Prema hinduističkom verovanju, na planini Kailaš boravi Šiva. Međutim, kada se kaže da je to mesto boravište Šive, to ne znači da on tamo sedi, pleše ili hoda po snegu. To je duhovno stecište Šivine eneregije. Istovremeno, Šiva nije samo bog, već i Adijogi, Prvi Jogi i Adi Guru, Prvi Guru. Upravo iz duhovnog izvora Šive, mnogi jogiji iz svih tradicija pohranili su sva svoja znanja na ovoj planini, u određenoj formi energije."

„A kako je moguće doći do tog ogromnog znanja?"

„Ako ideš na Kailaš, stranče, ti si kao nepismena osoba u ogromnoj biblioteci. Recimo da si nepismen i da uđeš u nekakvu mega biblioteku. U njoj svi sede i čitaju sve te knjige. Ti ne znaš reč o tome, ali ćeš biti preplavljen snagom informacija. Ako želiš da pročitaš obilje tih knjiga, moraš da počneš od A, B, C. Moraš da naučiš osnove o tome kako da odgonetneš život, počevši od sebe. Ali, ako ne možeš da dešifruješ ovaj mali deo svog života, dešifrovanje nečeg drugog u kosmosu ne dolazi u obzir. Dakle, upravo sada, tebi je potrebna vizija, inače nije moguće da te obrazuju. Samo ako možeš da osetiš, vidiš ono što su mudraci postavili pred tobom, možeš da naučiš celokupnu abecedu."

„Kada savladam abecedu, da li ću onda moći da proniknem u sva ta sveta znanja?"

„Kada savladaš pismo, onda želiš da pročitaš rečenicu. Kada pročitaš rečenicu, želiš da čitaš knjigu, a potom, želiš da znaš sve. Ali, sve dok nemaš sklonost, nećeš ni poći u tom pravcu. Recimo da je celo društvo nepismeno, ono nikada neće ni pomisliti da nešto pročita. Ali, ako iznenada jedan čovek nauči da čita, svi će ga pogledati sa iznenađenjem i pomisliće da on poseduje izuzetnu snagu duha, samo zbog toga što zna da čita...

...Odlazak na Kailaš je slično, samo na drugom nivou. Ako zaista želiš da dešifruješ ove druge dimenzije, moraš da u ovo znanje uložiš vreme i život. Ali, ako želiš da osetiš snagu, moraš da dođeš do određenih prostora, da budeš tamo, osetiš moć, uživaš u njima, primiš nešto iz njih i potom odeš. Milost toga je raspoloživa, ali njegovo saznanje traži žrtvu...

...U pogledu unutrašnjih, duhovnih dimenzija, sve ono što si ikada želeo da znaš, nalazi se na Kailašu. Ako znaš kako to da vidiš i dešifruješ, sve što si ikada želeo da saznaš o svom stvaranju, onome šta ti jesi i tvom postojanju, kao i o tvom oslobođenju, svi odgovori nalaze se tu. Svaki oblik toga, svaka tradicija deponovana je tu kao znanje, koje je veoma dostupno. Svakom ko je spreman i može da podigne svoju percepciju na dovoljan nivo jasnosti, ova znanja su jasno vidljiva. Dakle, Kailaš sadrži znanja koja smo u mogućnosti da razumemo i znamo kako da dopremo do njih."

„Da li svi ovi hodočasnici, koji su danas ovde, na obali jezera, tragaju za ovim znanjima?"

„Ljudi ponekad tragaju svesno, ali mnogo češće oni su tu nesvesno, ne znajući uopšte da li treba i da li mogu da tragaju za nečim toliko važnim. Ali, oni naprosto osećaju potrebu da budu tu, da dolaze na ovo sveto mesto. I nesvesno, oni primaju mnoga znanja jednostavnim boravkom na svetim prostranstvima kao što su jezero Manasarovar i planina Kailaš. Možda posle posete ovim prostorima oni neće biti mnogo pametniji, međutim, u duhovnom smislu, oni će da budu mnogo ispunjeniji nego što su to nekada bili. Mnogi među njima vratiće se svojim domovima kao potpuno novi ljudi, preporođeni. Oni ne znaju šta je pravi uzrok tome, ali su svesni snažnih posledica svog boravka na planini Kailaš. A taj boravak za njih ima značenje prosvetljenja, ispunjenja energijom koja će ih održavati narednih nekoliko godina."

„Da. I zato oni dolaze ovde na organizova-
no hodočašće, takozvanu Kailaš Manasarovar Jatru,
koje za mnoge predstavlja najsnažniji događaj u ži-
votu."

„Kailaš Manasarovar Jatra je putovanje, du-
hovno traženje, to je hodočasničko iskustvo na Hi-
malajima koje menja život iz korena. Svake godine
nekoliko hiljada hodočasnika dolaze ovamo iz Indije
da bi spoznali osećaj sebe samog, onako kao što ga
nikada do tada nisu znali. Za učesnike u hodočašću
na izolovanom, bezvremenom, veličanstvenom i
fascinantnom duhovnom mestu koji oduzima dah,
ono predstavlja jedinstveno putovanje u sebe."

„Poštovani Arane, ja sutra odlazim put Kaila-
ša. Da li imaš neku poruku za mene?"

„Poštovani stranče, Roberte. Boravak ovde,
na krovu sveta je naporan, ali nagrađuje. Svaki pu-
tnik ovog neverovatnog hodočašća pojedinačno pro-
lazi kroz poniznu i prosvetiteljsku transformaciju,
koju ne može opisati, ali može da oseti iz prve ruke.
Spremi se za neka neverovatna iskustva. Uroni u naj-
divnije predele Himalaja, posmatraj karavane jakova
koji se lagano kreću prema snegom prekrivenim pla-
ninskim pasovima i uživaj u moćnim vrhovima oko
sebe. Ali, najvažnije, budi spreman da iskreno zaviriš
u samoga sebe. Kao što kažu mudraci, vratićeš se
kući sa „malo Kailaša sa sobom, u svom srcu i umu."

***

PRELAZAK RUBIKONA

Sutradan sam napustio Čiu gompu i dovezao se u Darčen, početno i završno mesto hodočašća okolo planine Kailaš. Tu sam se pridružio lokalnoj grupi koja će sutra, uz pomoć nosača Šerpi i jakova koji nose opremu, krenuti peške put Kailaša.

***

Rano ujutro, pre izlaska sunca, pošao sam u pravcu Dira-puk manastira. Hodao sam u grupi tibetanskih hodočasnika koji su sve vreme pevali mantre, klanjali i molili se. Visoko na obroncima planine prepoznao sam manastir Čoku, čija se mala, kompaktna kamena struktura belela u kontrastu prema okolnim zlatnožutim stenama okupanim jutarnjim suncem.

Nakon što smo savladali nekoliko za mene napornih uspona i spustova, već sam bio umoran od hoda i teškog disanja zbog razređenog vazduha na visini. Ali, ubrzo smo stigli u manastir Dira-puk, u stvari malu manastirsku postaju smeštenu podno kamenog kuloara. Pažnju su mi privukla tri niza sa desetinama budističkih stupa, belo obojenih sa pozlaćenim vrhovima. U blizini manastira, nalazio se kamp za hodočasnike.

Pošto je ruta kojom sam se kretao obilazila planinu Kailaš u smeru kazaljke na satu, iznenadila me je veća grupa hodočasnika pripadnika bon religije koji su nam dolazili u susret, krećući se obrnutim smerom. A onda su mi lokalni vodiči objasnili da planinu Kailaš obožavaju čak četiri različite religije: budisti, bon, hinduisti i đainisti i da neki među njima, kao pripadnici religije bon, ophode planinu Kailaš u smeru suprotnom od kretanja kazaljke na satu.

***

Podigao sam šator na lepoj, travnatoj livadi, odakle se pružao izvanredan pogled na planinu Kailaš. Noć sam proveo u prijatnom razgovoru sa lokalnim vodičima, pored vatre.

***

Rano ujutro krenuo sam dalje. Staza je vodila prema mnogo većim visinama nego što sam popeo juče, sve do ispod samog piramidalnog masiva Kailaša. Nakon kraćeg hoda, stigao sam do stenovitog prostranstva, visoravni pod imenom Šiva-tsal. Bio sam iznenađen kada sam ugledao prvo na stotine, a potom i hiljade odevnih predmeta koji leže na tlu bačeni na sve strane. Velika zaravan je pod njima delovala kao ogromno smetlište.

Naime, na ovom mestu hodočasnici vrše obred simboličkog umiranja, jer tu ulaze u prostranstvo Gospodara Mrtvih. Tokom prolaska kroz „Predeo mrtvih“, oni odbacuju delove odeće koju nose: šalove, marame, ešarpe, košulje, džempere, šešire, pa i same jakne, što je simbolički čin odbacivanja svega što pripada svetu živih. Ova oblast proteže se sve do vrha Drolma-la, gde se hodočasnici „ponovo rađaju". Na pasu Drolma-la Tibetanci vezuju užad sa molitvenim zastavicama. Hiljade ovih zastavica jarkih boja vijore se na vetru čineći da ovaj planinski prevoj izgleda kao pravi, živi, trepereći organizam, obojen svim mogućim bojama.

∗

U jednom trenutku, pre nego što sam izašao iz „Predela mrtvih", izdvojio sam se iz grupe i krenuo prema litici iznad planinskog puteljka. Zaokupljeni ritualom „umiranja" i odbacivanja svoje odeće na putu prema „Predelu ponovnog rađanja", vodiči i moja grupa nastavili su dalje svoj put.

Penjao sam se prema vrhu, ćuteći. Ispod mene, grupa hodočasnika nestajala je u daljini.

Kada sam se ispeo na zaravan iznad staze, seo sam na kamen. Osluškivao sam vetar koji mi je mrsio kosu, mirisao oštar planinski vazduh i posmatrao neverovatan planiski prizor oko sebe.

Iz ranca sam izvadio gau - mali, okrugli srebrni tibetanski relikvijar sa staklenim prozorčićem. Otvorio sam poklopac i stojeći, u tišini, nem, prosuo pepeo svetog starca Arana.

Seo sam na kamen i osluškivao planinske predele, očekujući da doživim nešto neobično, nesvakidašnje. Ono što me je pratilo bili su neverovatan mir, tišina i moćni planinski masiv Kailaša koji se nadvio nada mnom.

∗

Iz ruksaka sam izvadio knjigu. Bila je to moja stara „Knjiga Arana". Otvorio sam korice i počeo da čitam naglas:

HIMNA GOSPODU ŠIVI

Ti si nebeske sfere koje prožimaju kosmos,
Neograničene
Izobilne, u bezbrojnim oblicima,
Nadmašujući jedna drugu po lepoti i ljupkosti,
Nadmašujući po brojnosti hiljade miliona...

Onaj,
Praiskonski
Koji prevazilaziš reči i značenja
Onaj,
Do kojeg misli ne mogu da dopru,
Onaj,
Koji se predaješ čistoti odanosti
Jedini -
I zaista Jedan Jedini,

Koji seje Sebe
Kao što se širi veličanstvenost
Svega što postoji
Koji prebiva
Kao beskrajno mala suština atoma.

***

OM ŠIVAM GURUM DEVAM

Poštovanje Najvećem
I Apsolutnom
Učitelju
Klanjam se pod noge
Nagog Gospoda Šive,
Čije telo je čisto,
Koji je besprekorne svesnosti.
Klanjam se
Kosmičkoj snazi, Šiva-Šakti,
Ispoljenju kosmičke svesti.
Klanjam se
Šankari,
Gospodaru planine Kailaš,
Klanjam se
Stopalama njegove pratilje
Ume Devi,
Klanjam se
Stopalama svih Tantričkih gurua

OM NAMA ŠIVAJA

Ovo je čas zalaska sunca
Kada Gospod Šiva,
Mahadev,

Gospodar Destrukcije,
Duhova i duša,
Jašući božanskog Nandija,
Njegovog omiljenog bika,
Prolazi kroz svet ljudi
I posmatra ga
I sa svoja Tri Oka
Vidi u duše ljudi.
Obožavam Gospoda
U Njegovom obliku
Šiva lingama,
Simbola Njegove stvaralačke energije
I regeneracije.
Niko nije kao On,
Viši ili veći
U sva tri sveta
Njegove kreacije.

OM NAMA ŠIVAJA

Oni koji žele da razbiju veze neznanja
I traže ostvarivanje Atma-đnane,
Neka prate uzor
Koji je On postavio za učenike,
Čak da budu goli kao On,
Gopod Svih Duša.
Iako od mesa i bolno,
Ovo ljudsko telo

Jedino pogodno da bude hrana divljim zverima,
Budalasti ljudi ga oblače i ukrašavaju se
Skupom odećom, ukrasima i parfemima,
Zamenjujući telo za pravog sebe ili dušu.
Takvi, oni se smeju Šivi i svim svetima,
Rugaju Gospodu
I Njegovim posvećenim sledbenicima
Ne shvatajući da je stvarna svrha
Učiti o beskorisnosti tela,
Koje je samo nalik nepostojanom hramu
U kojem, u stvarnosti, su
Čiste božanske duše.
Zato Gospod Šiva hoda potpuno go
Telom namazanim svetim pepelom,
Nosi umršenu kosu u bičeve
I venac od kostiju.

On uči ljude
Da izgube obzir prema telu,
Odbace potragu za bogatstvom,
Imenom i slavom,
Ne očekuju nagradu za versku posvećenost,
Da traže samo
Jedinstvo sa Šivom
Kao Apsolutom.

OM NAMA ŠIVAJA

On, Mahadev,
Uzrok je ogromnog svemira
A Maja - iluzija
Je Njegov večni rob.
On je Kosmički Apsolut u vidljivom obliku
Čije svesnosti i dela su nedostižne.

OM NAMA ŠIVAJA

Klanjam se Šivi Višvanatu,
Gospodaru Sveta,
Gospodu koji ne deluje
A stoji iza svih delovanja,
Izvan mreže dužnosti i obaveza,
Slobodan i nedirnut
Kao Svetlosni orb,
Koji boravi na grobljima
Radije nego u gradovima,
U šumskim pećinama,
A ne u hramovima
On je Prirodni svet izvan svakog srama.

OM NAMA ŠIVAJA

Njegovih hiljadu imena
Su neodgovarajuća da ga opišu
Ali kada ga ljudi spoznaju,
Oni će imati sve.

OM ŠAKTI ŠAKTI ŠAKTI

***

HIMNA ŠIVI VELIKOM BOGU

Pozdravljam um
Koji ima svoju podršku u Šivi,
Ali je izgubio svoje iskonsko savršenstvo
I preuzeo nesavršene oblike;
Pozdravljam um
U kojem odrazi prošlosti huču
Kao besne oluje,
Raspirujući energiju nasilno,
Poput vode koja se podiže u mahnite talase;
U kojoj teče neprekidno
Dvostruka struja smisla
„Mane" i „Tebe."

Obožavam Šivu u kojem
Ideje uzroka i posledice,
Misli i utisaka
I bezbroj različitih oblika
Postaju Onaj Pravi.
Obožavam Njega u kojem
- Kada se umiri vetar promena -
Ne postoji ono što je unutra niti spolja.
Obožavam Njega

Koji je savršena mirnoća uma.

On čiji je gromoglasan smeh poplava znanja,
On iz kojeg je rasuta sva tama,
Koji se ispoljava kao beli sjaj,
Lep kao beli lotos;
On koji je nedeljiv,
Koji je pronađen u meditaciji;
On koji je ostvaren u srcima ljudi
koji su dostigli samoobuzdanost -
Neka me, taj božanski labud moga uma,
Zaštiti!
Neka me zaštiti,
On pred kim se klanjam!

Njega, koji uništava greh
I uklanja tamne mrlje našeg doba;
Čije dobroćudne oči paze
Na sve koju su mu se predali;
Koji razdragano žrtvuje sebe
Za dobrobit drugih,
Čije grlo je plavo
Jer je popio otrov namenjenog drugima -

Njega, sjajnog kao beli vodeni ljiljan -
Njega
Pozdravljam!

***

Karpur Gauram Karunavataram
Sansara Saram Bhujagendra Haram
Sada Vasantam Hridayaravinde

Bhavam Bhavani Sahitam Namami

***

Kada sam zaklopio korice „Knjige Arana",
Sunce je već počelo da zalazi. Pogledao sam prema
piramidi masiva Kailaš koji je bio okupan zlatnom,
blistavom svetlošću.

***

Oko mene vladao je mir.
Vetar je duvao, a vreme je stalo.
Iz tame oblaka izleteo je orao
I sleteo nedaleko od mene.
Nešto je posmatrao.
Ustao sam i polako mu se prikrao.

Tada sam čuo glas.

Stojeći nepomičan,
Napregao sam sva svoja čula.
Morao sam da čujem šta taj glas ponavlja.

Iznenađen, nisam poverovao u poruku
Koju sam razaznao,
Već sam morao da se oslonim na svoju maštu.

Moje srce počelo je snažno da lupa:
Bum, bum, bum.

Glas u meni je rekao:

Kada iluzija zavrti svoju mrežu,
Nikad nisam tamo gde želim da budem,
I kad sloboda razdragano pleše,
Kad pomislim da sam slobodan,
I kad me posmatraju mračne siluete prošlosti
Zatvorenih očiju, a ipak me vide
Jer, nikada im se nisam suprotstavio,
Tada ću pokazati jednog drugog sebe.

Danas sam dovoljan sebi samome.
I znam šta osmeh na mom licu znači.

***

Moje srce je zaigralo:
Bum, bum, bum.

***

Hej, rekao sam,
Ostavljam ovde svoje stvari,
Jer, došao je da me odvede kući.

Vraćam se kući!
Vraćam se kući!
Hej, hej, hej!
Uskoro ću biti kod kuće!

***

Sa kamena, uzeo sam moju staru knjigu, spakovao je u ranac u pošao prema vrhu planine.

Na kamenu na kojem sam sedeo ostala je ceduljica sa napisanom porukom porukom:

Budi ptica i budi ljubazan,
Oprosti se i pozdravi.

Pronađi ljubazno srce,
Odmori telo i dušu.
Neka tvoje dobro srce
Pronađe Zemlju zlata.

Obrati pažnju, reci svoje ime,
Slušaj pažljivo i budi topao.
Nežne ruke, ti si hrabar,
Pogledaj me i nastavi.

Sve je dobro, volim te.
Možeš da me čuješ, da nazoveš.
Pevaj svoju pesmu s lakoćom i ponosom.
Biću tamo, ne daleko od tebe.

Reci im da sam hodao
Reci im da sam hodao Tvojim putem
Reci im da sam išao
Reci im da sam išao Tvojim putem.

***

Pogledao sam prema gore. Iznad mene leteo je orao. Na horizontu, nebo je bilo užareno, poput vatre koja se gasila nakon što je Sunce zašlo za planinske vence u daljini.

U izmaglici večeri, čuo sam daleku, tihu muziku sitare.

***

Reci im da sam hodao
Reci im da sam hodao Tvojim putem
Reci im da sam išao
Reci im da sam išao Tvojim putem.

***

Nastavio sam da se penjem prema vrhu.

Napomena: U *knjizi su obrađeni i prilagođeni tekstovi pesama Nika Keršoua: „Zagonetka"; Dženezisa Brajera P-Oridža: „Orhideje"; Pitera Gejbrijela: „Brdo Solzberi" i Anuške Šankar: „Zemlja zlata"*

O KNJIZI

Ovo je knjiga koja će iz korena promeniti vaš život.
Ako imate hrabrosti - zaronite u nju.

Onima koji pročitaju ovu priču - simboličan izvor
sa kojeg se pije bistra voda kulture Istoka, religije i tradicije
hinduizma - otkriće se neverovatan svet duhovnosti i saznaće
mnoge do danas malo poznate, a mnogima nedostupne tajne
Univerzuma. Nadasve, čitaoci će se sresti sa svojom sudbi-
nom: Najvećim među Najvećima, Rušiteljem i Stvoriteljem
- Gospodom Šivom.

Knjiga predstavlja svedočenje o doživljajima glavnog junaka, engleskog muzičara Roberta na njegovim putovanjima na Nepal i Tibet. U potrezi za istinom i oslobođenjem od tereta svakodnevice, Roberto pokušava da pronađe izlaz iz nezadovoljstva i životnog lutanja putujući na Istok. Boraveći u Katmanduu, gde će se suočiti sa neverovatnim spiritualnim iskustvima, Roberto uranja duboko u ponore sopstvene svesti, što će ga dovesti do neslućenih stanja i otkrića. Tragajući za sobom, junak knjige sebe pronalazi u Bogu nad Bogovima, Odmetniku, Razaraču i Dobrotvoru, Uništitelju i Stvaraocu - Gospodaru Šivi. U isto vreme, u indijskom gradu Rišikešu na obali reke Ganga, mladi agori Nara prolazi isti put preispitivanja života i traženja suštine svog bića. Dvojica junaka s600srešće se u Katmanduu, a njihova duhovna stanja doživeće katarzu u spoznaji Gospoda Šive.

Zajedno sa autobiografskim sekvencama iskustva sopstvenih boravaka u Indiji i Nepalu i bavljenja indijskom filozofijom i hinduističkom religijom, u liku glavnog junaka Roberta, pisac knjige Slobodan Maldini opisuje neverovatne životne priče agorija Nare i engleskog pevača, pesnika, umetnika performansa i okultiste Dženezisa Brajera P-Oridža. Takođe, u knjizi on predstavlja jedno sasvim neočekivano, novo, metaforično tumačenje stihova engleskih pevača, tekstopisaca i kompozitora Nika Keršoua i Pitera Gejbrijela. Bogato kulturno nasleđe kruga umetnika i muzičara iz perioda osamdesetih i njihova transcendentalna iskustva zajedno sa ličnim, Maldini je ukomponovao u autentično književno delo.

Ova knjiga je obavezno štivo za svakoga koji se upušta u istraživanje indijske filozofije, koji tragajući za sopstvenim bićem putuje u Indiju, Nepal ili Tibet. Na slikovit i impresivan način, ona čitaocima opisuje i objašnjava dubinu značenja osnovnih pojmova hinduizma, koji su sveprisutni u Inidiji i Nepalu, na svakom mestu i u svakodnevnom životu. Opisujući boga Šivu i njegove odlike, rituale i himne, životna pravila i filozofiju, knjiga predstavlja izvanredan priručnik za upoznavanje indijske kulture i proširuje vidike čitalaca o ovoj, kod nas malo poznatoj, nezamislivoj civilizaciji.

41801505R00135

Made in the USA
Middletown, DE
09 April 2019